2022 年度北京市属高校教师队伍建设支持计划

北京经济管理职业学院资

新时代

高职院校学生奋斗精神培育研究

雷凯 著

北京出版集团

北京出版社

图书在版编目（CIP）数据

新时代高职院校学生奋斗精神培育研究 ／ 雷凯著.
北京 ： 北京出版社，2025. 3. -- ISBN 978-7-200
-19090-8

Ⅰ. G711

中国国家版本馆CIP数据核字第2024T1M013号

新时代高职院校学生奋斗精神培育研究

XINSHIDAI GAOZHI YUANXIAO XUESHENG FENDOU
JINGSHEN PEIYU YANJIU

雷凯 著

*

北 京 出 版 集 团
北 京 出 版 社 出版

（北京北三环中路6号）
邮政编码：100120

网 址：www.bph.com.cn

北 京 出 版 集 团 总 发 行
新 华 书 店 经 销
中煤（北京）印务有限公司印刷

*

145毫米×210毫米 6.75印张 162千字
2025年3月第1版 2025年3月第1次印刷

ISBN 978-7-200-19090-8
_____

定价：68.00元

如有印装质量问题，由本社负责调换
质量监督电话：010-58572393

序言

奋斗，是生命的旋律，是青春的赞歌。奋斗精神是人类不断前进的力量源泉，是我们面对困难与挑战时不屈不挠的精神支柱，是人生历程中最璀璨的华彩篇章。在当今，科技的迅猛发展、社会的深刻变革，以及文明形态的加速演进，给人类社会带来了前所未有的发展机遇和现实挑战，而教育、科技、人才等领域的协同创新与深度融合，更是成为推动高质量发展的关键动力。

回首历史，从古代仁人志士为了国家和民族的利益而不懈奋斗，到近代革命先烈为了实现民族独立和人民解放而英勇捐躯，再到现代无数劳动者为了创造美好生活而奋勇拼搏，奋斗精神在不同历史时期连绵不绝，绘就一幅幅绚丽多彩的画卷。立足当下，时代的华章在青年一代脚下徐徐展开。青年恰似初升之太阳，是中华民族的新鲜血液，肩负着传承中华民族优良传统的崇高使命，是实现中华民族伟大复兴的中国梦的中坚力量，应当矢志不渝继承和发扬奋斗精神，勇做新时代的奋斗者。

教育兴则国家兴，教育强则国家强。在全面建设社会主义现代化强国的新征程中，高等教育始终心怀"国之大者"，挺膺担当、主动作为，在建设教育强国中充分发挥龙头作用。而职业教育作为与经济社会发展联系最为紧密的教育类型，其人才培养规模更是占据了高等教育的半壁江山，肩负着为国家生产、建设、管理、服务等一线岗位培养和输送大量高素质技术技能人才的重要职责。培养高职院校学生的奋斗精神，不仅是促进学生全面发展的迫切需要，也是推动职业教育高质量发展的内在诉求，更是促进经济社会快速发展的必然要求。

本书以2022年度北京市属高校教师队伍建设计划"新时代高职院校学生奋斗精神培育研究"（BPHR202203250）为依托开展研究，主要面向高职院校思想政治教育工作者，重点围绕学生思想政治教育工作中的热点、难点问题，旨在构建较为系统的新时代高职院校学生奋斗精神培育的研究体系框架，推动新时代高职院校学生奋斗精神培育的研究与实践。从研究内容而言，全书以高职院校学生奋斗精神培育作为研究核心，系统阐述了学生奋斗精神培育的相关理论，深入分析了高职院校学生奋斗精神培育的积极成效、存在的问题及产生原因，科学辨识了高职院校学生奋斗精神培育的影响因素，深入探究了高职院校学生奋斗精神培育的形成机制，全面提出了高职院校学生奋斗精神培育的实施路径，整体构建了高职院校学生奋斗精神培育的评价体系。从研究思路而言，全书遵循从理论到实践、从现状到问题、从原因到对策的内在逻辑顺序，层次清晰、严谨周密地进行分析和论述，确保了研究的系统性、科学性和有效性。从研究方法而言，全书综合运用教育学、心理学、管理学、社会学等相关学科理论知识，采用文献研究法、问卷调研法、比较研究法、系统分析法等多种科学方法，建立了较为系统的问题研究框架体系，提出了一些创新性的研究思路和解决方案，力求做到全面、深入、系统的研究。从研究结论来看，全书着眼于解决当前高职院校学生奋斗精神培育的理论研究和实践探索中的关键问题，多层次、多视角系统提出了学生奋斗精神培育的具体实施路径，对于提升高职院校思想政治教育工作的针对性和实效性具有较强的理论价值和实践价值。

　　本书系作者本人独立完成的首部学术专著，撰写历时一年半。在此期间，作者虽深受伤病的困扰，但始终秉持科学的精神、严谨的态度和坚定的信念，殷切期望能够为新时代高职院校学生奋斗精神的培育提供有价值的参考和借鉴。在此，真诚地感谢为本书撰写提供支持和帮助的北京经济管理职业学院的专家、老师和兄弟院校的同人，正是他们的无私奉献和付出使得研究顺利进行。同时，衷心希望本书能够如同一座明亮的灯塔，照亮高职院校学生拼搏奋进的道路，引导他们争做有理想、敢担当、能吃苦、肯奋斗的新时代好青年；由衷期盼本书能够引起更多学者和教育工作者的关注与重视，共同推动这一领域的研究和实践不断深入发展。最后，衷心地希望每一位读者都能从本书中获得深刻的启示，点燃内心智慧的火焰，共同为美好的未来而不懈拼搏奋斗。

陈闯

2025 年 3 月

目录

第一章　绪论 ……………………………………… 1

　　第一节　研究背景及意义 …………………………… 2

　　第二节　国内外研究现状 …………………………… 6

　　第三节　研究目标、研究内容与研究方法 ………… 15

　　第四节　研究思路及技术路线 …………………… 20

　　第五节　本章小结 ………………………………… 22

第二章　新时代高职院校学生奋斗精神培育的理论概述 … 23

　　第一节　相关问题及概念界定 …………………… 24

　　第二节　学生奋斗精神培育的理论渊源 …………… 32

　　第三节　学生奋斗精神培育的重要意义 …………… 48

　　第四节　本章小结 ………………………………… 54

第三章　新时代高职院校学生奋斗精神培育的现状分析 ⋯ 55

　　第一节　问卷调查的基本情况 ⋯⋯⋯⋯⋯⋯ 56

　　第二节　学生奋斗精神培育的积极成效 ⋯⋯⋯ 59

　　第三节　学生奋斗精神弱化的具体表现 ⋯⋯⋯ 62

　　第四节　学生奋斗精神培育存在的问题
　　　　　　及原因剖析 ⋯⋯⋯⋯⋯⋯⋯⋯⋯ 66

　　第五节　本章小结 ⋯⋯⋯⋯⋯⋯⋯⋯⋯⋯ 74

**第四章　新时代高职院校学生奋斗精神培育的
　　　　　影响因素辨识** ⋯⋯⋯⋯⋯⋯⋯⋯⋯ 75

　　第一节　影响因素辨识的原则与方法 ⋯⋯⋯⋯ 76

　　第二节　学生奋斗精神培育影响因素的辨识分析 ⋯⋯ 81

　　第三节　基于 ISM 方法的学生奋斗精神培育
　　　　　　影响因素关系模型 ⋯⋯⋯⋯⋯⋯⋯ 90

　　第四节　本章小结 ⋯⋯⋯⋯⋯⋯⋯⋯⋯⋯101

**第五章　新时代高职院校学生奋斗精神培育的
　　　　　形成机制分析** ⋯⋯⋯⋯⋯⋯⋯⋯ 103

　　第一节　学生奋斗精神培育形成机制的理论模型 ⋯ 104

　　第二节　学生奋斗精神培育的形成机制分析 ⋯⋯⋯ 109

第三节　学生奋斗精神培育形成机制的关联分析 ···· 116

第四节　本章小结 ······················· 121

第六章　新时代高职院校学生奋斗精神培育的
　　　　　实施路径分析 ···················· 123

第一节　个人层面：基于积极心理学理论的
　　　　学生奋斗精神培育路径 ·············· 124

第二节　学校层面：基于人的全面发展理论的
　　　　学生奋斗精神培育路径 ·············· 132

第三节　家庭层面：基于参与理论的
　　　　学生奋斗精神培育路径 ·············· 142

第四节　社会层面：基于社会行动理论的
　　　　学生奋斗精神培育路径 ·············· 151

第五节　本章小结 ······················· 161

第七章　新时代高职院校学生奋斗精神培育的
　　　　　评价体系构建 ···················· 163

第一节　评价体系构建的目标和原则 ·········· 164

第二节　评价体系构建的关键要素 ············ 167

第三节　评价指标体系的构建流程 ············ 170

第四节　评价体系的运行与保障机制 ·········· 176

第五节　本章小结 ······················· 179

第八章　总结与展望 ·················· 181

　　第一节　研究结论 ·················· 182

　　第二节　研究创新点 ··············· 185

　　第三节　研究展望 ·················· 186

参考文献 ························· 188

附录　新时代高职院校学生奋斗精神培育调查问卷 ······· 195

第一章

绪论

第一节　研究背景及意义

一、研究背景

　　奋斗精神是中华民族在五千年历史发展过程中积累并传承下来的优秀传统，也是中国共产党在百年发展历程中始终坚持的优良传统和工作作风。改革开放以来，中国经济社会快速发展，综合国力大幅提升，人民生活明显改善，建设成就举世瞩目。当前，中国正处于实现中华民族伟大复兴的关键时期，国际和国内形势复杂多变，我们唯有持之以恒地坚持和发扬奋斗精神，才能攻克前行道路上各种艰难险阻，才能实现中华民族伟大复兴的中国梦。

　　习近平总书记始终高度重视弘扬奋斗精神，在多个场合数次强调奋斗精神培育对于青年大学生的重要意义，并围绕如何正确认识新时代奋斗精神、如何培育青年奋斗精神等做出了一系列重要论述。"青春由磨砺而出彩，人生因奋斗而升华""幸福都是奋斗出来的""奋斗本身就是一种幸福"等响亮金句激励着广大青年勇担时代赋予的崇高使命而接续奋斗。进入新时代，奋斗已成为闪光的时代名片，奋斗精神也被赋予了新的时代内涵，从革命英雄到时代楷模，千千万万的劳动者长期奋斗在一线，在平凡的岗位上做出不平凡的业绩。截至2024年6月，全国共有高等学校3117所，其中高职（专科）学校1560所，在校生超过1700万人。高等职业院校每年向国家生产、建设、管理、服务等一线岗位输送大量高素质技术技能人才。

虽然高职毕业生就业岗位扎根基层、平凡普通，但是岗位的特殊属性恰恰决定了它们更加需要具备拼搏进取、爱岗敬业、艰苦钻研、精益求精等奋斗精神元素的高素质技术技能人才。作为新时代的高职院校大学生，尽管物质生活条件已经足够优越丰裕，但奋斗的精神一点都不能少，奋斗的脚步一刻也不能停，应始终继承和发扬中华民族的宝贵精神财富，紧抓新时代发展的奋斗机遇，勇担新时代赋予的奋斗使命，努力成长为堪当民族复兴大任的时代新人。

近年来，国内部分高职院校逐渐关注学生奋斗精神培育，开展了丰富多彩的实践教育活动，增强了学生的奋斗意识，积累了有益的实践经验。与此同时，相关专家学者也从不同视角对大学生奋斗精神、奋斗精神培育的影响因素及实践路径等方面问题开展研究，为新时代大学生奋斗精神培育研究奠定了一定的理论基础。但是，结合国内外研究文献资料及当前学生奋斗精神显性表征来看，既有研究在不同层面存在着诸多的问题和不足。首先，从学生现状层面看，随着物质生活条件的不断改善，加之市场经济、多元文化、外部环境等多重因素影响，高职院校中部分学生奋斗意识逐渐淡化、奋斗目标日渐模糊、奋斗动力明显不足、奋斗本领有所欠缺，不同程度出现思想上崇洋西化、不思进取，学习上目标缺失、急功近利，生活中颓废懒散、贪图享乐，未来发展上自卑怯懦、焦虑迷茫等奋斗精神逐渐弱化的不良现象，归结原因，既有学生自我认知层面的内在因素，也有学校教育引导、家风家教，以及社会环境等层面的外在因素。其次，从研究成果层面看，通过对国内外相关文献资料的梳理和总结，奋斗精神及其培育方面的研究已逐渐成为学术界关注的热点问题。相关研究存在的问题和不足主要包括：关于高职院校开展学生奋斗精神培育的系统化理论研究体系尚需完善，关于新时代大学生奋斗精神的内涵解读尚需深入，关于高职院校学生奋斗精神培育影响因素的分析不够全面，关于学生奋斗精神培育对策研究的针对性和系统性有待加强，对于学生奋斗精神培育成效的评价体系研究目前尚属空白，等等。

立足新时代，发扬优良传统，聚焦现实需求，如何加强高职院校学生奋斗精神培育已成为当前高职院校思想政治工作亟待深入研究的重要课题。

二、研究意义

（一）理论意义

有助于继承、弘扬和发展马克思主义奋斗观。奋斗精神培育本质上是实践的过程，实现主体和客体的相互作用。本项目以马克思主义经典作家、中国共产党领导人、中华优秀传统文化等的关于奋斗精神的重要论述为基础，结合当前奋斗精神的时代内涵和表征特点，通过聚焦问题的研究思路和方法，积极探究新时代高职院校学生奋斗精神的培育路径，有助于丰富和发展马克思主义奋斗观的理论研究。

有助于拓展高职院校学生思想政治教育的内容体系。奋斗精神是高职院校培养新时代技术技能人才的重要方面。目前，关于大学生奋斗精神的相关研究成果较少，专门针对高职院校学生奋斗精神培育的研究更是寥寥无几。本项目将奋斗精神培育作为高职院校思想政治教育工作体系中不可或缺的一部分，分析高职院校学生奋斗精神培育的现状、问题及成因，结合时代变化与需求，提出新时代高职院校学生奋斗精神培育的实施路径和评价体系，有助于增强思想政治教育工作体系的系统性和完整性。

有助于完善高职院校学生奋斗精神培育的研究体系。目前，学术界关于学生奋斗精神的研究多是基于现实需要直接开展的实践研究，缺乏深入的理论探讨。本项目综合运用文献研究、调研访谈、系统分析等方法，阐释新时代高职院校学生奋斗精神的内涵特征，探究学生奋斗精神培育的影响因素，建立学生奋斗精神形成机制的理论模型，构建学生奋斗精神培育的评价体系，有助于完善高职院校学生奋斗精神培育的研究体系。

（二）现实意义

有利于高职院校学生坚定马克思主义奋斗观。开展高职院校学生奋斗精神培育的研究有助于加强和巩固马克思主义在高校意识形态领域的指导地位。本项目通过大量文献研究，从马克思主义经典作品、中华优秀传统文化、中国共产党领导人的关于奋斗精神的论述中，挖掘新时代高职院校学生奋斗精神培育的深厚思想渊源，引导学生正确理解新时代奋斗精神的内涵实质、摒弃错误观点、坚定理想信念、端正人生态度、明确发展目标、激发奋斗动力，坚定和巩固马克思主义奋斗观。

有利于提升高职院校思想政治教育工作科学化水平。高等职业院校肩负着培养具有奋斗精神品质的高素质技术技能型人才的使命任务。本项目立足高职院校学生学习基础薄弱、成长目标模糊、内生动力不足等学情特点，结合教育学、管理学、心理学、社会学等相关学科知识，分析高职院校学生奋斗精神关联的外部因素和内部因素，厘清各影响因素之间的递进关系，科学提出高职院校学生奋斗精神培育的实践路径和评价体系，提升高职院校学生思想政治教育工作的科学性和实效性。

有利于推动高职院校学生奋斗精神培育的实践创新。高职院校学生奋斗精神的培育有助于促进学生综合素质提升和全面成长成才。本项目坚持以学生为主体，结合高职院校学生在奋斗精神认知、形成和内化中所表现出的不同认知基础、场景环境，以及行动逻辑，构建了高职院校学生奋斗精神培育问题的系统化研究框架，尝试从学生奋斗精神的培育现状、影响因素、形成机制、实践路径及评价体系等多方面进行深入研究和探索，为推动高职院校学生奋斗精神培育方面的实践创新提供思路和借鉴。

第二节　国内外研究现状

一、国内研究现状

通过查阅相关文献资料，发现国内对于新时代大学生奋斗精神培育的系统研究相对较少，尤其是针对高职院校学生这一特定群体的研究更为稀缺。因此，国内研究现状分析主要围绕大学生奋斗精神培育的研究成果进行梳理，以期为项目后续研究提供启示和借鉴。目前，国内关于相关问题的研究主要集中在以下几个方面。

（一）奋斗精神的内涵和价值

研究者对于奋斗精神的内涵和价值进行了深入的探讨，认为奋斗精神是一种积极向上的人生态度和价值取向，是实现个人价值和推动社会发展的重要动力。如吕品认为高职院校学生奋斗精神的内涵应包括爱岗敬业、责任担当、拼搏进取和自强不息等方面。苗胜杰认为奋斗精神的时代内涵包括开拓进取的创新精神、踔厉奋发的拼搏精神、脚踏实地的务实精神；奋斗精神是实现人生价值的现实需要，是对艰苦奋斗的接续传承，也是实现中华民族伟大复兴的中国梦的重要保障。李思岐等人认为奋斗精神的时代内涵应包括勇于担当、甘于奉献、积极进取、顽强拼搏、敢为人先、开拓创新等方面。彭菊花等人认为新时代大学生奋斗精神的内涵与特征主要包括勇挑重担的担当精神、不畏艰难的拼搏精神、艰苦朴素的节俭精神、甘于牺牲的奉献精神，提出了奋斗精神的培育不仅为大学生成长成才提供不竭精神动力，也为实现中华民族伟大复兴提供优秀人才支撑。

（二）奋斗精神培育的目标和内容

研究者提出了奋斗精神培育的目标和内容，认为奋斗精神培育应该包括树立正确的人生观和价值观、培养积极向上的心态和意志品质、提高自我管理和自我发展的能力等方面。如宗梦娜等人从弘扬社会主义核心价值观、凝聚青年奋斗共识，净化网络生态环境、营造青年奋斗氛围，关注青年利益诉求、提升青年奋斗认同三个维度入手，分析了奋斗精神培育的主要内容。刘慧琴认为新时代大学生奋斗精神培育要从树立远大志向、磨砺奋斗意志、增强奋斗本领、砥砺奋斗行为四个维度出发，培养大学生奋发图强的斗志，让其为实现中国梦贡献自己的力量。冯玲认为培育新时代大学生奋斗精神要注重提升个人对奋斗精神的思想认知，发挥社会在奋斗精神培育中的关键作用，重视家庭在奋斗精神培育中的基础地位，突出学校在奋斗精神培育中的价值引领。张霞飞认为应结合时代发展之需和人的思想品德形成发展规律，教育引导大学生坚守为人民幸福奋斗的立场、坚定对奋斗圆梦的价值认同、增强接力奋斗的意志品质、提升务实奋斗的能力素养，引导其领悟奋斗精神的真谛并将其外化为行动自觉。

(三) 奋斗精神培育的现状和影响因素

研究者通过开展学生奋斗精神培育的问卷调查，了解当前学生奋斗精神培育的现实状况及存在问题，分析了影响高职院校学生奋斗精神培育的家庭环境、社会氛围、学校教育等方面的因素。如夏燕认为高职院校大学生普遍存在对奋斗精神的认知程度不深、情感认同不强、奋斗意志不坚定、奋斗实践欠缺等问题，导致这些问题的主要原因有：高职院校学生自身的主观因素，如自我培育意识不强和能力欠缺；外在客观因素，如学校对奋斗精神培育的重视程度不够、家庭教育的扭曲、不良社会风气的影响、网络亚文化的兴起、同伴群体的负面影响等。徐胜男认为应从学生个体、理论教育、实践锻炼、育人环境方面对当前大学生奋斗精神培育存在的问题进行归因分析。赵星认为当前高校大学生奋斗精神培育存在的主要问题包括培育吸引力不足、氛围不浓、实效不强等，应从认识不到位、培育体制不健全、培育内容不完善、培育途径不丰富等方面剖析原因。黄伟认为当代大学生奋斗精神整体态势良好，部分大学生还存在认知定位不明、目标模糊不清、意志有所懈怠及实践尚未落实等问题，主要原因是国家和社会对大学生的预期目标与大学生自身的行动存在偏差，各方培育的合力不足，以及现实环境纷繁复杂，等等。王晓慧认为大学生中存在不同程度的"躺平""精致利己主义""内卷""伪奋斗"等奋斗精神弱化的现象，学生奋斗的主观愿望不足是根本原因，学校培育实效性不足是主要原因，家庭培育疏忽是直接原因，不良思潮渗透是间接原因。

(四) 奋斗精神培育的方法和途径

研究者对奋斗精神培育的方法进行了广泛的探讨，提出了多种有效的培育方法和途径，包括加强思想政治教育、积极开展社会实践活动、营造良好的校园文化氛围、优化家庭教育氛围等。如韩露露认为新时代大学生奋斗精神培育的途径应从全员推进构建培育的长效机制、全方位整合挖掘培育的优秀资源、全过程渗透深耕培育的重点场域三个层面进行构建和优化。张和谐认为应聚焦协同多元主体，实现主导性与主动性统一、契合学生需要丰富培育内容、借助信息技术创新培育方法、建设治理结合优化培育环境、完善规章制度健全培育机制五方面构建培育路径。董兴颖认为加强新时代大学生奋斗精神的培育要从净化社会负面影响、提升高校育人实效、优化家庭教育质量、增强大学生奋斗自觉等方面具体实施。益梦婕认为应通过强化理想信念教育、党史国情教育、挫折教育、勤俭节约教育，深化大学生对艰苦奋斗精神的认知；通过推进劳动实践教育、创新创业教育、红色文化体验教育，强化大学生的艰苦奋斗意识；通过改善家庭教育环境、强化高校教育力度、优化社会教育环境来营造良好的培育氛围，引导大学生积极践行奋斗精神。

二、国外研究现状

通过梳理相关研究资料，发现国外学者对大学生奋斗精神培育的直接研究相对较少，主要研究内容体现在心理学、教育学、社会学、经济学及伦理学等领域的著作中。国外学者因受到不同文化、教育和社会背景的影响，对问题的研究和结论的诠释也与国内存在一定的差异。因此，借鉴和吸收国外相关研究的积极成果，有助于为项目的后续研究提供有益参考。

（一）心理学领域相关研究

心理学领域研究奋斗精神的主要内容包括个人内在动机、自我效能感、情绪调节和目标设定等方面，研究关注个体的心理因素如何影响奋斗的动力、坚持性和应对挑战的能力。如美国学者卡罗尔·德韦克（Carol S. Dweck）在其著作《思维模式：新的成功心理学》中提出成长型思维模式的概念，强调积极心态和学习态度对奋斗的重要性。美国学者马丁·塞利格曼（Martin E. P. Seligman）在其著作《真实的幸福》中强调乐观主义和积极情绪在奋斗中的作用。美国学者阿尔伯特·班杜拉（Albert Bandura）在其著作《自我效能：控制的实施》中强调榜样的影响力和自我效能感的培养对奋斗精神的发展有重要影响。美国学者丹尼尔·卡尼曼（Daniel Kahneman）在其著作《思考，快与慢》中探讨人类思维的两种模式，以及它们在决策和奋斗中的作用，强调了情绪和认知偏差对奋斗的影响，并提出提高决策质量的方法。美国学者维克多·弗兰克尔（Viktor E. Frankl）在其著作《活出生命的意义》中聚焦在艰难环境下寻找生命的意义和奋斗的重要性，认为个体通过追求有意义的目标和找到内心的使命感，可以增强奋斗的动力和坚韧精神。

(二) 教育学领域相关研究

教育学领域研究奋斗精神的内容包括教育环境对奋斗精神培育的影响、教育政策与教育方法对奋斗精神培育的影响、创新教育与奋斗精神的关系，以及教师在培养奋斗精神中的角色等方面，强调关注如何创造积极的教育环境，激发学生的内在动力和自主学习能力。如德国学者卡尔·雅斯贝尔斯（Karl Theodor Jaspers）在其著作《什么是教育》中揭示教育的本质和目的，强调教育是人的灵魂教育，真正的教育应是帮助学生唤醒自身的潜能和实现自我超越，培养学生独立的人格和对真理的不懈追求精神，帮助学生认识到自己内心深处对意义和价值的追求，不断激发学生内心深处的奋斗动力。美国学者约翰·杜威（John Dewey）在其著作《民主主义与教育》中强调，教育即生活、生长和经验的改造，关注学生兴趣与需求，可以激发学生的内在奋斗动力。同时他倡导"从做中学"的理念，注重学生在学校中体验和参与各种社会活动，对教育改革和学生持续发展具有深远影响。美国学者卡尔·罗杰斯（Carl Ransom Rogers）等在其著作《自由学习》中提出以学生为中心的教育理念，关注学生的内在需求和自我实现，尊重学生的好奇心和内在学习动力，对个体的自我导向学习和奋斗精神的培养具有重要意义。

(三) 社会学领域相关研究

社会学领域强调社会文化因素、家庭背景和社会支持对大学生奋斗精神的塑造作用，关注社会环境对奋斗精神的影响，认为社会文化价值观、家庭教育和社会网络会对学生的奋斗动力和目标产生重要影响。如美国学者塔尔科特·帕森斯（Talcott Parsons）在其著作《社会行动的结构》中强调，社会文化价值观作为社会系统的重要组成部分，会对个体的奋斗行为和行动选择产生影响。美国学者安妮特·拉鲁（Annette Lareau）在其著作《不平等的童年》中揭示了不同阶层家庭教养方式的差异对学生奋斗精神培育的影响。

（四）经济学领域相关研究

经济学领域强调奋斗精神的本质是经济理性，奋斗精神与社会经济发展水平密切相关，不同经济发展阶段对奋斗精神的培育有不同的要求。奋斗精神的培育需要考虑到个体的差异，不同个体的奋斗动机和目标可能不同，需要因材施教。如美国学者斯蒂芬·罗宾斯（Stephen P. Robbins）在其著作《管理学》中强调奋斗精神在职业发展中的重要性，认为奋斗精神是成功的关键。美国学者约瑟夫·熊彼特（Joseph Schumpeter）在其著作《经济发展理论》中强调奋斗精神在社会经济发展中的重要性，认为奋斗精神是推动经济发展和企业家成功的关键因素。美国学者托马斯·索维尔（Thomas Sowell）在其著作《经济学的思维方式》中强调奋斗精神的培育需要考虑到社会经济环境的变化，不同经济发展阶段对奋斗精神的要求不同。美国学者杰弗里·蒂蒙斯（Jeffry A. Timmons）在其著作《创业学》中探讨奋斗精神和创业精神之间的关系，认为奋斗精神是创业成功的关键，应致力于培养学生适应未来社会发展的企业家精神和专业素质。

(五) 伦理学领域相关研究

伦理学领域研究学生奋斗精神的内容包括道德价值观与奋斗目标的关系、奋斗过程中的道德选择、伦理道德对奋斗精神的引导，以及个体在奋斗中的道德责任等方面，关注如何培养学生正确的道德观和价值观，以引导他们的奋斗方向。如美国学者彼得·辛格（Peter Singer）在其著作《动物解放》中关注道德关怀的范围，以及个体在奋斗中对他人和社会的责任。美国学者阿拉斯戴尔·麦金太尔（Alasdair MacIntyre）在其著作《追寻美德》中强调传统美德在个体和社会中的重要性，以及它们对奋斗精神培育的作用。美国学者约翰·罗尔斯（John Rawls）在其著作《正义论》中关注社会正义和公平的原则，认为公平的社会环境对于个体的奋斗和发展至关重要，正义的制度和政策能够促进奋斗精神的培育。古希腊哲学家亚里士多德（Aristotle）在其著作《尼各马可伦理学》中探讨美德、幸福和道德行为的本质，认为奋斗的目标应该是追求美德和实现个体的幸福，而美德是通过习惯和实践培养的。

三、国内外研究现状评述

通过对国内外高职院校学生奋斗精神培育相关研究成果的梳理与总结，可以发现既有研究存在以下局限性。

(一) 研究视角缺乏针对性

目前，尽管国内外学者在奋斗精神及其相关领域进行了深入研究并取得了一定成果，但对新时代高职院校学生奋斗精神培育这一领域的研究仍极为欠缺。随着高等职业教育的迅速发展，高职院校已占据国内高等教育的半壁江山，且高职院校学生具有独特的现实特点和学情差异，使得奋斗精神培育问题变得更为复杂。因此，有针对性地开展相关研究显得至关重要。关注高职院校学生奋斗精神培育问题，不断丰富和完善相关理论基础与实践路径，切实加强和改进高职院校学生思想政治教育工作，是当前亟待研究和解决的重要课题。

（二）研究内容缺乏系统性

目前，虽然部分国内外学者已对学生奋斗精神培育问题展开研究，但研究成果主要集中于某一方面或某一领域，如学生奋斗精神的内涵及价值分析、现状分析等，缺乏对影响因素、形成机制等问题的深层次研究。此外，在学生奋斗精神培育成效的评价体系研究方面仍是空白，在该研究的整体层面至今也难以形成科学完善的研究体系框架。因此，高职院校学生奋斗精神培育问题作为较新的研究领域，需要科学完善的研究框架为指导，以满足研究的科学化、系统化和规范化需求。

（三）研究方法缺乏适用性

目前，国内外学者对相关研究的理论与方法进行了探讨，但这些理论和方法的采用受主观影响较大，对整个高职院校学生奋斗精神培育问题研究的指导性和适用性不足。同时，由于高职院校学生奋斗精神培育问题的复杂性和影响因素的多样性，传统定性、单一的研究方法已不能有力支撑对该问题的研究。而事实上，高职院校学生奋斗精神的培育问题涵盖了教育学、心理学、管理学、社会学等多个学科范畴，这就需要借助多种有效的理论和方法，例如文献研究法、问卷调查法、系统分析法等，以提升问题研究的理论深度和科学水平。

第三节　研究目标、研究内容与研究方法

一、研究目标

本项目基于国内外研究现状分析，在新时代背景下，以高职院校学生奋斗精神培育问题为研究核心，以教育学、社会学、心理学、管理学等相关理论和方法为研究工具，重点从新时代高职院校学生奋斗精神培育的内涵特征、现实状况、影响因素、形成机制、实践路径及评价体系等方面开展系统化分析和研究，以期为推动新时代高职院校学生奋斗精神培育的理论探索和实践创新提供思路和借鉴。

二、研究内容

（一）阐明新时代高职院校学生奋斗精神培育的科学内涵

对新时代奋斗精神、新时代高职院校学生奋斗精神培育等相关概念进行界定，是本项目开展后续研究的重要理论支撑。本项目拟通过对国内外研究文献、重要政策文件等基础材料进行梳理，熟悉

掌握目前学界在高等职业教育学生奋斗精神培育方面已取得的研究成果。同时，重点结合新时代大学生奋斗精神的理论渊源，基于高职院校学生学情特点的分析，深入剖析新时代高职院校学生奋斗精神的内涵实质，进一步明确高职院校学生奋斗精神培育的重要性和必要性，为后续研究工作奠定理论和实践研究基础。

（二）分析高职院校学生奋斗精神培育的现实状况

准确把握高职院校学生奋斗精神培育现状可以使该研究做到有理有据、有的放矢。本项目在阐述新时代高职院校学生奋斗精神内涵的基础上，从高职院校学生对奋斗精神的认知、学生奋斗精神的现实表征，以及影响大学生奋斗精神的原因和对策等方面，设计高职院校学生奋斗精神培育现状的专项调查问卷，并借助中国高职院校日常工作交流平台对全国部分高职院校学生奋斗精神培育开展调研，将采集到的大量数据进行整理和分析，准确把握学生奋斗精神培育的现状，进而深入分析学生奋斗精神培育过程中存在的问题及其产生的原因。

（三）辨析高职院校学生奋斗精神培育的影响因素

高职院校学生奋斗精神培育过程兼具理论性和实践性特点，受到学校、家庭、社会、个人等方面动态因素的影响。本项目在分析高职院校学生奋斗精神培育现状、存在问题及成因的基础上，结合工作开展实际，遵循科学化、系统化、层次化的原则，运用解释结构模型法的系统化建模技术对影响学生奋斗精神培育的各种因素进行层级分析，明晰各个影响因素之间的结构关系及关联特性，从诸多复杂的影响因素中判断出直接影响因素、关键影响因素、基础影响因素和深层次影响因素,为学生奋斗精神培育研究等提供理论依据。

(四)探究高职院校学生奋斗精神培育的形成机制

由于奋斗精神培育主体的差异性和外部环境因素的多样性,高职院校学生奋斗精神培育存在复杂的形成机制。本项目在辨析高职院校学生奋斗精神培育影响因素的基础上,综合运用自我决定理论、社会认知理论、成就目标理论、自我效能感理论及心理弹性理论等相关心理学知识,构建学生奋斗精神培育形成机制的理论模型,从内部形成机制、外部形成机制、内外耦合形成机制等方面分析学生奋斗精神培育形成机制,以及不同形成机制间的内在关联,明确学生奋斗精神形成机制的属性和功能,为学生奋斗精神培育研究提供优化方向。

(五)提出高职院校学生奋斗精神培育的实践路径

高职院校学生奋斗精神培育是一个系统工程,是多主体、多因素协同作用的综合培育过程。本项目在分析学生奋斗精神培育的影响因素和形成机制的基础上,综合考虑个人、学校、家庭及社会四个层面的影响因素,分别从积极心理学理论、人的全面发展理论、参与理论和社会行动理论等视角,提出引导学生增强奋斗精神动力、筑牢学生奋斗精神培育阵地、改善学生奋斗精神家庭环境、优化学生奋斗精神舆论等多条具体培育路径,让学生奋斗精神培育在理论和实践层面有章可循。

（六）构建高职院校学生奋斗精神培育的评价体系

建立高职院校学生奋斗精神培育的有效评价机制，不仅可以检验学生奋斗精神培育工作的成效，也有助于激励高职院校培育主体的积极性。本项目在遵循高职院校学生奋斗精神培育路径的基础上，根据新时代社会对技术技能人才的要求和评价原则，初步建立了基于高职院校学生奋斗精神培育的评价指标体系，以及学生、教师、家长、社会等多主体参与的评价工作机制，科学评价学生奋斗精神培育的实际成效，提出学生奋斗精神培育评价体系的运行和保障机制，为学生奋斗精神培育工作的持续改进提供参考依据。

三、研究方法

（一）文献研究法

通过查阅和整理有关高职院校学生奋斗精神培育方面的专著、学术期刊、学位论文及相关政策文件等，进行概括归纳和提炼总结，梳理国内外相关研究成果，掌握研究动态和研究热点，把握新时代高职院校学生奋斗精神研究的基本观点，确定本项目的主要研究内容与思路框架，为后续研究奠定理论基础。

（二）比较研究法

对党和历代国家领导人关于奋斗精神的重要论述进行比较，分析不同时期奋斗精神的内涵特征和表现形式，总结过去奋斗精神培育中可以借鉴的历史经验。同时，立足新时代，探讨社会环境的变化对高职院校学生奋斗精神培育的影响，以便对新时代高职院校学生奋斗精神培育做出准确的认识和判断。

（三）问卷调研法

通过设计新时代高职院校学生奋斗精神培育调研问卷，借助全国高职院校学生工作交流平台，面向全国部分高职院校开展调研，获取有关学生奋斗精神培育情况的第一手资料，在实证分析的基础上全面了解高职院校学生奋斗精神培育现状，综合分析存在的问题及其产生原因，为本项目的有效实施提供重要的数据支撑。

（四）系统分析法

通过综合运用教育学、心理学、管理学、社会学等相关学科理论知识，围绕新时代高职院校学生奋斗精神培育的内涵实质、影响因素、形成机制、培育路径及评价体系等关键问题进行多视角的分析和探索，体现了系统分析研究方法的基本特征，也为本项目顺利开展提供科学的方法保证。

（五）理论联系实际法

通过对新时代高职院校学生奋斗精神内涵实质、现状问题等相关内容的理论分析，综合考虑培育方法的系统性、培育主体的特殊性和培育路径的实践性，有针对性地提出加强高职院校学生奋斗精神培育的实施对策和评价体系，力求使本项目研究成果具有较强的理论意义和现实意义。

第四节 研究思路及技术路线

一、研究思路

本项目旨在构建较为系统的新时代高职院校学生奋斗精神培育的研究体系框架，推动新时代高职院校学生奋斗精神培育的研究与实践。具体研究思路：坚持落实立德树人根本任务，在新时代职业教育高质量发展的背景下，聚焦高职院校学生思想政治教育工作中的热点难点问题，以学生奋斗精神培育为研究核心，坚持以科学理论为指导、以工作实践为基础、以有效方法为手段，通过综合运用文献研究法、问卷调研法、系统分析法等科学方法，在全面阐述新时代高职院校学生奋斗精神培育相关理论的基础上，深入分析高职院校学生奋斗精神培育的积极成效、存在问题及产生原因，辨识高职院校学生奋斗精神培育的影响因素，探究高职院校学生奋斗精神培育的形成机制，提出高职院校学生奋斗精神培育的实施路径，构建高职院校学生奋斗精神培育的评价体系，为高职院校培育学生奋斗精神提供理论支撑和实践指导，对于提升高职院校人才培养质量具有重要的理论意义和现实意义。

二、技术路线

研究阶段　　　　　　　　　研究内容　　　　　　　　　研究方法

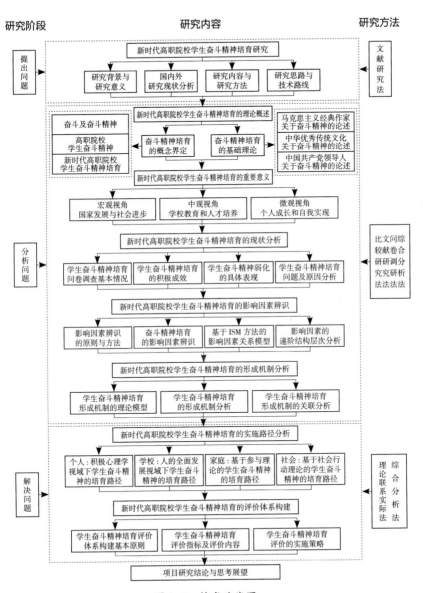

图 1-1　技术路线图

第五节　本章小结

　　本章首先介绍了项目的研究背景，阐述了新时代高职院校学生奋斗精神培育的重要意义，通过对比分析国内外相关文献的研究视角、内容和方法，梳理了既往研究成果存在的局限性，进而明确了研究定位、研究内容和研究方法。基于研究定位，明确了新时代高职院校学生奋斗精神培育问题的基本研究框架，从研究阶段、研究问题和研究方法三个层面建立了清晰的技术路线，对于后续研究工作的开展起到了提纲挈领的作用。

第二章

新时代高职院校学生奋斗精神培育的理论概述

目前，高职院校学生奋斗精神培育逐渐成为职业教育领域备受关注的重要课题之一。本项目研究融合教育学、管理学、心理学、社会学等多学科理论知识，深入探究学生奋斗精神培育问题。因此，在开展具体问题研究之前，有必要对奋斗精神培育的相关概念、理论渊源及重要意义等进行深入分析，为后续研究奠定充分的理论基础。

第一节　相关问题及概念界定

一、奋斗

在中华民族发展的不同阶段和历史背景下，"奋斗"一词有不同的内涵。在古汉语中，"奋斗"并非一个固定词组，"奋"和"斗"一般都单独使用，其中，"奋"字的本义是指鸟振翅飞翔，如《诗经》中的"静言思之，不能奋飞"，意思是静下心来想想，自己没办法像鸟一样振翅高飞；而"斗"则指战斗，如《孟子·离娄下》中的"今有同室之人斗者，救之，虽被发缨冠而救之，可也"。这里的"斗"就是指两人相互博斗的意思。《宋史·吴挺传》中最早提出"奋斗"一词，其中记载："金人舍骑操短兵奋斗，挺遣别将尽夺其马。"这里的"奋斗"意思是奋力格斗，表现了金人与敌方在战争过程中不断打斗的场景，"奋斗"的目的是保家卫国。同样，清代黄轩祖的《游梁琐记·剑术》中记载："约食顷，翁又来，女奋斗益厉，至夜终无胜负。"这里的"奋斗"也是奋力战斗的意思。民国时期，"奋斗"大都有特定的对象，如孙中山在《自传·讨袁之役》中写道："自二年至于五年之间，与袁世凯奋斗不绝。"鲁迅在《集外集拾遗补编·关于知识阶级》中写道："因为我去年亲见易先生在北京和军阀官僚怎样奋斗，而且我也参与其间，所以他要我来，我是不得不来的。"这两处"奋斗"的含义是奋力与对方进行抗争，但较之前的"奋斗"少了些许格斗或战斗的意味。新民主主义革命时期，"奋斗"一词常与争取民主和自由关联，如陈独秀在《敬告青年》中写道："予所欲涕泣陈词者，惟属望于新鲜活泼之青年，有以自觉而奋斗耳。"李大钊曾经说过："青年之文明，奋斗之文明也，与境遇奋斗，与时代奋斗，与经验奋斗。故青年者，人生之王，人生之春，人生之华也。"这里的"奋斗"是指为了实现理想追求和价值目标的艰辛过程。值得注意的是，此时的"奋斗"也往往和青年联系在一起。新中国成立后，"奋斗"一词往往出现在党的重要会议或重要纲领性文件中，如毛泽东在党的第八次全国代表大会的预备会议上的讲话《增强党的团结，继承党的传统》中指出："团结全党，团结国内外一切可以团结的力量，为建设伟大的社会主义中国而奋斗。"这里的"奋斗"是指为实现新目标而付诸努力。进入新时代，"奋斗"对于国家和个人都有特殊的内涵。对于国家来说，奋斗是实现中华民族伟大复兴的中国梦的必经之路，而对于个人来说，奋斗是实现自我价值和成就人生的重要途径。

综上所述，并结合"奋斗"在《现代汉语词典》中的释义，本项目将"奋斗"定义为：个人或集体为实现一定目标而克服困难、努力拼搏、坚持不懈的一系列价值追求和实践活动的过程。

二、奋斗精神

关于"奋斗精神"概念的分析阐述，首先要明确把握"精神"这一概念的内涵特征。《辞海》中关于"精神"一词有着五种不同的阐释：一是哲学名词，与"物质"相对，指人的意识、思维活动等复杂心理状态，唯物主义者通常把"精神"当作"意识"的同义词来使用，认为它是物质的最高产物；二是犹心志、心神，指人的心思精力；三是犹精力、活力，指人的精力和活力，表现为一个人的身体状态、精神状态、工作效率等方面；四是神采、韵味，指"精神"具有的独特魅力和特质，强调能够给人带来独特感受和体验的、具有内在魅力和品质的特质；五是内容实质，指事物的核心和本质，体现了对事实和深度的探索。通过深入探讨和把握事物的内容实质，可以做到更全面、准确地认识事物，并做出科学的判断和决策。因此，结合研究内容和研究目标，本项目基于"精神"第一层解释，将"精神"定义为人自身在思维、情绪、意志、情感等方面的复杂心理状态。

在对"奋斗"和"精神"这两个概念阐述界定的基础上，深入分析"奋斗精神"的整体概念就水到渠成了。客观而言，"奋斗精神"与"奋斗"相比具有一定的历史属性，即不同历史时期赋予其不同的内涵。在古代战乱时期，自然环境极其恶劣，再加上常年处于战争状态，"奋斗精神"主要表现为勇往直前、坚韧不拔、顽强拼搏、浴血奋战和舍生忘死，这些表述体现了古人在困难面前坚定的意志和不懈的努力，展现出古人为了保家卫国、捍卫尊严誓死拼杀的大无畏精神。在近代，"奋斗精神"主要表现为在民族危难的关键时刻，高举反对封建专制统治的斗争旗帜，传播民主共和理念，团结同志共同推翻帝国主义和封建主义"两座大山"，用生命、青春与热血展现前赴后继的豪情壮志。新民主主义革命时期，"奋斗精神"主要表现为在社会变革与动荡中不懈努力、追求进步的精神。在这个阶段，人们对未来充满希望，通过教育、文化、社会运动等多种途径，积极争取国家的独立、社会的进步和个人的发展。新中国成立后，特别是在改革开放时期，奋斗精神的内涵体现在人们为了国家的繁荣富强、社会的进步和人民的幸福而不懈努力。在这个阶段，面对各种国内外风险困难和挑战，人们以顽强的毅力和拼搏精神，齐心协力、突破创新，不计得失，努力开创各项事业发展新局面，为国家和人民的利益默默奉献，社会主义和共产主义的信念激励着人们为实现国家发展目标而努力。这种奋斗精神是推动国家发展和社会进步的强大动力，它体现了中国人民坚韧不拔的精神品质。进入新时代，奋斗精神体现在个人、社会、国家等方方面面，不仅是个人发展的动力，也是社会进步的基石，更是实现中华民族伟大复兴的精神力量。个人层面表现为追求自我实现和成长，通过努力学习、积极进取，不断提升自己的能力和素质，为个人的幸福和成功努力。社会层面表现为社会责任和奉献精神，通过积极参与公益活动、志愿服务，为社会的和谐与进步贡献力量。国家层面表现在为实现国家的繁荣昌盛、民族复兴而努力奋进，在各个领域拼搏进取，为国家的发展做出贡献。

综上所述，"奋斗精神"是指"奋斗"这一价值追求和实践活动过程等外在具象表现上升转化为情感、思维、意志、理念等意识和心理方面的内化抽象体现。

三、新时代高职院校学生奋斗精神

奋斗精神作为一种主体意识和心理活动，随着社会的发展和进步而不断丰富。进入新时代，高职院校学生奋斗精神也被赋予了新的内涵。立足新时代、履行新使命、展现新作为，高职院校学生要做新时代的不懈奋斗者，秉持志存高远、胸怀天下的担当精神，涵养厚德强技、精益求精的工匠精神，塑造敢为人先、勇于探索的创新精神，锤炼攻坚克难、意志坚定的拼搏精神，努力成长为国家经济社会需要的高素质技术技能人才、能工巧匠、大国工匠。

（一）志存高远、胸怀天下的担当精神

高职院校学生志存高远、胸怀天下的担当精神涵盖志向远大、胸怀宽广、责任担当、天下为公等优秀品质。首先，志向远大应具有高尚远大的目标和使命感，对自己的未来始终充满自信，渴望获得成功并为社会做出贡献。在学习和生活中积极进取，努力学习专业知识和技术技能，为未来职业生涯的不懈奋斗奠定基础，努力追求更高的境界，实现自己的人生价值。其次，胸怀宽广应具有开阔的视野和豁达的心胸，能够接纳不同的观点和事物。在经济全球化的背景下，要密切关注国际形势和行业发展动态，努力拓宽自己的视野，为应对未来的挑战做好准备。再次，责任担当应体现积极参与社会实践活动，关注社会热点问题，通过志愿服务、社区活动等方式，努力为他人提供力所能及的帮助，培养社会责任感和奉献精神。最后，天下为公应体现以天下为己任，关心社会公共利益，将个人"小我"融入社会"大我"，积极承担自己的社会责任和家庭责

任，致力于推动社会的发展和进步。

（二）厚德强技、精益求精的工匠精神

高职院校学生厚德强技、精益求精的工匠精神涵盖品德高尚、技能卓越、专注敬业和团队合作等优秀品质。首先，品德高尚是高职院校学生教育培养的首要任务，注重培养学生的道德品质和职业操守，在面对困难和挑战时能够坚守道德底线，善于与他人合作，建立良好的人际关系。其次，技能卓越不仅要求学生掌握基本的技术技能，更要追求卓越的技能水平，这就需要学生通过反复练习和实践，逐渐熟悉并精通各种技术和工具，将理论知识转化为实践能力。再次，专注敬业要求学生对自己所学的专业领域满怀热忱，并将这种热情融入学习和实践的每个环节。无论是在课堂上对专业理论知识的学习，还是在实训室对操作技能的打磨，都要以全神贯注的态度去认真对待，时刻保持高度的专注和敬业精神，这将为他们踏入社会奠定坚实的基础。最后，团队合作要求善于与他人沟通和协作，注重充分发挥个人优势，注重培养团队协作能力和沟通能力，以便更好地适应未来发展所面临的职场环境，合作共赢，实现团队目标。

（三）敢为人先、勇于探索的创新精神

高职院校学生敢为人先、勇于探索的创新精神涵盖突破常规、勇于尝试、敢于创新、独立思考等优秀品质。首先，突破常规要求学生不被传统思维和固有模式所束缚，敢于质疑权威并提出自己的独特见解，敢于挑战现状并在学习和实践中寻求新的突破，为自己

的未来发展开辟新赛道。其次，勇于尝试要求鼓励学生积极主动地探索未知领域，敢于尝试新的方法和技术，用平和的心态坦然面对可能出现的失败，在不断尝试和经验积累中发现新的机会和可能性。再次，创新能力是培养创新精神的核心目标，也是职业教育人才培养的关键目标，包括敏锐的洞察力、丰富的想象力和创造性思维。高职院校学生要敢于创新，在掌握专业知识的基础上，通过学习和实践培养跨学科的思维方式，善于从不同角度看待和思考问题，并寻找创新性的解决方案，不断增强创新思维和创新能力。最后，独立思考是创新精神的基础，它要求学生掌握筛选和分析信息的科学方法，能够独立思考问题并形成自己的观点和判断，不盲目跟从他人而失去决策的独立性，助力学生在未来的职业生涯中更好地应对各种挑战。

（四）攻坚克难、意志坚定的拼搏精神

高职院校学生攻坚克难、意志坚定的拼搏精神涵盖锐意进取、坚韧不拔、终身学习、乐观积极等优秀品质。首先，锐意进取表示学生拥有积极进取的态度，设定明确的自我发展目标，在面对困难时不断努力，坚持不懈地寻求解决方案并追求更高的目标，努力追求知识的丰富和技能的提升。其次，坚韧不拔是攻坚克难的关键，在遇到挫折和困难时，保持坚定的信念和不屈不挠的毅力，不轻易被困难打败，并学会从失败中汲取经验和教训，不断调整自己的策略和方法直至克服困难。再次，终身学习要求学生具备持续学习的能力，始终保持对知识的渴望，通过课外阅读、参加培训、学术研究等方式，主动充实自己的知识和技能，能够时刻紧跟时代发展的

步伐,保持适应社会变化的良好状态。最后,乐观积极表现在面对困难和挑战时,要看到问题背后积极的一面,内心保持乐观豁达的状态。同时,能积极主动地寻求解决问题的方法,并用乐观的生活态度感染和鼓舞身边的人。

四、新时代高职院校学生奋斗精神培育

基于前述相关分析,本项目对新时代高职院校学生奋斗精神培育的概念进行如下界定:在新时代背景下,以高职院校学生为培育对象,以学校、家庭、个人、社会等多方面为培育主体,以内部影响、外部作用和内外耦合的培育形成机制为载体,以志存高远、胸怀天下的担当精神,厚德强技、精益求精的工匠精神,敢为人先、勇于探索的创新精神,攻坚克难、意志坚定的拼搏精神等为主要内容,将奋斗精神培育全面融入高职院校学生教育、管理和服务各个环节,助力学生成长为具有奋斗精神的新时代高素质技术技能人才。

立足新时代,高职院校应通过开展卓有成效的教育实践活动,积极引导学生弘扬和践行奋斗精神,帮助学生树立奋斗的思想观念、形成正确的价值取向、培养良好的道德品质、养成积极的行为习惯。同时,要让学生坚定奋斗的意志、明确不懈努力的目标,激发学生拼搏奋进的动力,增强学生矢志拼搏的本领,使学生对奋斗精神形成正确的认知,唤起学生对奋斗精神的情感共鸣,引导学生躬身践行奋斗精神,将其塑造成为强信念、精技艺、勇创新、敢拼搏的良好社会风尚的引领者和示范者,培养成为国家经济社会发展所需的

高素质技术技能人才、能工巧匠、大国工匠，引领全社会凝聚起团结奋斗的强大力量，为建设中国特色社会主义现代化强国和实现中华民族的伟大复兴提供力量源泉和精神支撑。

第二节　学生奋斗精神培育的理论渊源

一代人有一代人的使命担当，一代人有一代人的奋斗历程。奋斗精神作为中华民族的传统美德，不仅是个人成长的动力源泉，更是经济社会发展的重要基础。立足新时代，国家大力推进职业教育高质量发展，高职院校肩负着高素质技术技能人才培养的重要使命。深入探究奋斗精神培育的理论根基，对于更好地理解其主要内容、基本特征和时代价值具有重要意义。高职院校学生奋斗精神培育具有深厚的思想理论基础，它源自马克思主义经典作品的奋斗理念，蕴含着中华优秀传统文化的思想精髓，继承了中国共产党历代领导人的艰苦奋斗精神，在新时代习近平总书记关于奋斗精神的重要论述中得到创新性发展，这些都为新时代高职院校学生奋斗精神培育提供了强大的精神动力。本项目从理论逻辑、文化逻辑、历史逻辑、现实逻辑四个层面深入探讨新时代高职院校学生奋斗精神培育的理论渊源，解读奋斗精神在不同阶段的体现与传承，更好地把握奋斗精神培育的本质和方法，为高职院校学生成长成才提供有力支撑和正确引导。

一、理论逻辑：马克思主义经典作家的奋斗观

马克思、恩格斯作为科学社会主义的奠基人、无产阶级革命的领袖和导师，以及马克思主义经典作家，用毕生精力潜心研究人类事业，强调了人民群众在社会发展中的奋斗主体地位，明确了无产阶级不懈奋斗的使命担当，指出了奋斗目标的阶段性和长远性，阐述了奋斗精神的内在动力和外在表现等内容，这些思想为开展新时代高职院校学生奋斗精神培育问题的深入研究提供了重要的理论支撑。

（一）人民群众奋斗的主体地位

马克思和恩格斯认为，人民群众是社会物质财富和精神财富的创造者，是推动社会变革和进步的决定性力量，这强调了人民群众在社会发展中的主体地位。例如，马克思在《神圣家族》中指出："历史活动是群众的事业，随着历史活动的深入，必将是群众队伍的扩大。"他在《哲学的贫困》中指出："在一切生产工具中，最强大的一种生产力是革命阶级本身。"1873年，恩格斯在分析普鲁士的革命斗争形势时指出："在十七世纪的英国和十八世纪的法国，甚至资产阶级的最光辉灿烂的成就都不是它自己争得的，而是平民大众，即工人和农民为它争得的。"这些都表明人民群众是历史的主体，他们的奋斗实践活动是推动社会发展的根本动力。通过辛勤劳动和不懈奋斗，人民群众在创造物质和精神财富、推动社会变革等方面的主体作用得以充分发挥。

（二）无产阶级奋斗的使命担当

马克思和恩格斯认为，无产阶级奋斗的使命担当是实现社会主义和共产主义的伟大目标。马克思在《资本论》中深入剖析了资本主义的本质和矛盾，揭示了无产阶级受剥削的根源，强调了无产阶级要通过斗争摆脱资本家的压迫，实现自身的解放。恩格斯曾指出："无产阶级只有通过解放全人类才能最终解放自己。"这意味着无产阶级的奋斗不仅是为了自身利益，更是为了实现人类的共同理想。此外，马克思和恩格斯在《共产党宣言》中指出："无产阶级，现今社会的最下层，如果不炸毁构成官方社会的整个上层，就不能抬起头来，挺起胸来。"这体现了无产阶级的革命性和奋斗精神。无产阶级的奋斗精神体现在对共产主义理想的坚定信念、对革命事业的无私奉献及面对困难和挫折的坚韧不拔上，无产阶级通过不懈奋斗，推翻资产阶级统治，建立无产阶级专政，最终实现共产主义。在这个过程中，奋斗精神是无产阶级实现使命的强大动力。

（三）奋斗目标的阶段性和长远性

马克思主义认为，无产阶级的奋斗目标兼具阶段性和长远性。在不同历史时期，无产阶级的奋斗目标是不同的，但最终目标是实现共产主义。在资本主义社会，无产阶级的首要任务是推翻资产阶级的统治，建立无产阶级政权。马克思和恩格斯在《共产党宣言》中指出："无产阶级的运动是绝大多数人的、为绝大多数人谋利益的独立的运动。"在社会主义社会，无产阶级的奋斗目标是发展社会生产力，提高人民的生活水平。马克思在《哥达纲领批判》中指出："只有在那个时候，才能完全超出资产阶级权利的狭隘眼界，社会才能在自己的旗帜上写上：各尽所能，按需分配！"在共产主义社会，无产阶级的奋斗目标是实现人类的解放和幸福。恩格斯在《对英国北方社会主义联盟纲领的修正》中指出："我们的目的是要建立社会主义制度，这种制度将给所有的人提供健康而有益的工作，给所有的人提供充裕的物质生活和闲暇时间，给所有的人提供真正的充分的自由。"

(四) 奋斗精神的内在动力

马克思主义认为，奋斗精神的内在动力主要源自对奋斗目标的向往和追求，外在表现则是为了实现这一奋斗目标而付出的实践行动。马克思主义认为，人的本质是自由自觉的活动，人的发展是通过不断实践和奋斗来实现的，而这种对自由和发展的追求则激发了人们的奋斗精神。实践是奋斗精神培育和体现的重要途径，这一点对后续各章研究具有非常重要的指导意义。马克思在《1844年经济学哲学手稿》中指出："劳动这种生命活动，这种生产生活本身对人来说不过是满足他的需要即维持肉体生存的需要的手段。"劳动不仅能够满足人们自身的物质需求，还能实现自我价值。马克思在《青年在选择职业时的考虑》中明确表达了对奋斗的理解，选择职业应该遵循人类的幸福和自身的完美，这体现了马克思崇高而又切实的奋斗目标。另外，马克思主义还强调，个人的奋斗与社会的发展是紧密相连的。如马克思和恩格斯在《共产党宣言》中指出："全世界无产者，联合起来！"只有通过广大人民群众的共同奋斗，才能实现社会的变革和发展。

(五) 奋斗精神的外在表现

马克思主义认为，奋斗精神的外在表现主要指为实现目标而努力拼搏，以及所表现出的勇于斗争、敢于创新、不懈努力等品质，特别强调了实践对于奋斗精神塑造的重要性。马克思主义认为只有通过实际行动才能实现目标，马克思在《关于费尔巴哈的提纲》中指出："哲学家们只是用不同的方式解释世界，而问题在于改变世界。"奋斗精神同样需要勇于面对困难和挑战，与不公正和不合理的现象作斗争，《共产党宣言》指出："无产阶级在这个革命中失去的只是锁链。他们获得的将是整个世界。"奋斗精神不是一时兴起，而是一种不懈的努力，正如列宁所说："要成就一件大事业，必须从小事做起。"同时，马克思主义认为个人奋斗与集体利益紧密相连，个人奋斗应该服务于集体利益，体现了奋斗精神的社会性。个人通过努力工作、学习和创新，实现自身的价值和成长；集体通过团结协作、共同奋斗，推动社会的进步和发展。

综上所述，马克思主义经典作家的奋斗理念深刻揭示了奋斗精神在实现个人价值、社会变革和社会进步中的关键作用，激励人们为了公平、正义和共同利益而不懈努力，通过实践行动促进社会的发展和人类的解放，也为本项目后续开展研究提供了强大的思想原动力。

二、文化逻辑：中华优秀传统文化蕴含的奋斗精神

中华优秀传统文化宛如一座巨大的宝库，在中华民族漫长的历史进程中涵养了丰富的奋斗精神元素，如家国天下的情怀、自强不

息的精神、勤劳节俭的美德、进取创新的品质、坚韧不拔的毅力、团结协作的品格、以民为本的理念等，这些民族精神在中华民族数千年的历史长河中具有举足轻重的地位，是维系和滋养中华民族团结奋斗的精神纽带和力量源泉。深入研究中华优秀传统文化中蕴含的奋斗精神，有助于高职院校学生更加深入理解中华民族的文化瑰宝，树立正确的奋斗观，培养积极进取的心态，增强文化认同感和归属感。

（一）家国天下的情怀

中华民族自古以来就具有浓厚的家国情怀，它强调个人与国家、民族的命运紧密相连。《礼记·大学》中提到"修身、齐家、治国、平天下"，这种思想鼓励人们将个人的成长与国家的繁荣联系在一起，以天下为己任，将个人的奋斗融入国家和民族的事业中，为国家和民族的利益而努力奋斗。再如，岳飞的"精忠报国"、文天祥的"人生自古谁无死，留取丹心照汗青"等，都体现了家国情怀的崇高境界。

（二）自强不息的精神

自强不息是中华民族的重要精神特质，是重要的奋斗精神元素，它强调个人通过不断努力和提升，取得进步，实现自我价值。《周易·乾》中记载"天行健，君子以自强不息"，鼓励人们像天体运行一样，刚毅坚韧，永不停息。这种奋斗精神贯穿于中国历史的长河。再如，孟子的"天将降大任于斯人也，必先苦其心志，劳其筋骨"、愚公移山的故事、司马迁忍辱负重著《史记》、清代刘开的"学无止境"等，都是自强不息的典范，激励人们勇于追求更高的目标，不断挑战和超越自我。

（三）勤劳节俭的美德

勤劳节俭是中华民族的传统美德，是奋斗精神的重要组成部分，它强调以勤奋努力的工作和节俭朴素的生活方式来实现个人和社会的发展。《左传·宣公十二年》中记载"民生在勤，勤则不匮"，说明了勤劳对于创造财富和美好生活的重要性。节俭则体现了对资源的珍惜和合理利用，不仅是对物质财富的珍惜，更是一种生活态度和价值观。如《论语·学而》中的"温、良、恭、俭、让"，强调将节俭作为一种美德，促使人们在奋斗中珍惜劳动成果，不断积累财富。

（四）进取创新的品质

进取创新是中华优秀传统文化中体现奋斗精神的重要品质，它强调人们要不断追求进步，勇于探索新的领域和方法。在中华文化中，进取创新的品质体现在许多方面，如《诗经·大雅·文王》中的"周虽旧邦，其命维新"，表达了不断创新、与时俱进的思想。《礼记·大学》中的"苟日新，日日新，又日新"，强调了勇于尝试新的方法，持续不断创新的重要性。从古代的四大发明到现代的科技创新，中国人民一直在进取创新的道路上奋斗前行。

（五）坚韧不拔的毅力

坚韧不拔的毅力是中华民族的宝贵品质，是一种非常重要的奋斗精神，它强调面对困难和挫折时不轻易放弃，培养坚定不移的毅力和不屈不挠的品质。在中国历史上，有许多坚韧不拔的典范，如愚公移山、勾践卧薪尝胆等，都说明了在面对巨大困难时坚定信念不懈努力的重要性。再如，郑板桥的《竹石》中有"千磨万击还坚劲，任尔东西南北风"，寓意人们在困境中应坚定不移、不屈不挠。坚韧不拔的精神源于对目标的执着和对成功的渴望，正是这种精神使中华民族在历史的逆境中不屈不挠、屹立不倒。

（六）团结协作的品格

团结协作是中华优秀传统文化中非常重要的奋斗精神品格，它强调在集体中共同努力、相互支持，以实现共同的奋斗目标。在传统文化中，有许多关于团结协作的名言警句，如"二人同心，其利断金""单丝不成线，独木不成林"等，都强调了团结协作的重要性。再如，《三国志·吴志·孙权传》中的"能用众力，则无敌于天下矣；能用众智，则无畏于圣人矣"，说明如果能够充分利用众人的力量和智慧，就会无敌于天下，表达了团结协作的力量是无穷的。

（七）以民为本的理念

以民为本是中华优秀传统文化中重要的思想，它强调将人民的利益放在首位，突出人民在奋斗实践中的地位和作用。在中国历史上，许多思想家和政治家都强调以民为本的重要性，例如，孔子提出"仁政"理念，主张统治者要爱护人民；孟子则强调"民为贵，社稷次之，君为轻"，将人民的地位置于国家和统治者之上。以民为本的思想也体现在中国的政治制度中，例如，中国古代的科举制度为普通人提供了晋升的机会，体现了对人才的重视。以民为本的思想体现了对人民的尊重和关爱，致力于保障人民的基本权益，也激励人们为追求个人幸福、社会进步、国家富强而不懈努力。

综上所述，中华优秀传统文化中蕴含的奋斗精神，是中华民族不断发展进步的动力源泉，为研究新时代高职院校学生奋斗精神培育提供了丰富的理论支撑。在后续研究中，将进一步继承和弘扬中华优秀传统文化中坚韧、进取、创新、合作等核心奋斗精神元素，不断提升项目研究的历史厚度、思维深度和视野广度。

三、历史逻辑：中国共产党历代领导人的艰苦奋斗思想

中国共产党历代领导人都强调艰苦奋斗精神的重要性，艰苦奋斗作为中国共产党的优良传统，对于新时代高职院校学生奋斗精神培育问题研究具有重要的指导意义，有助于引导青年学生树立正确的奋斗观，培养坚韧不拔的优秀品质，努力提升创新和实践能力，增强社会责任感和历史使命感，为实现个人价值和国家发展做出贡献。

（一）毛泽东同志的艰苦奋斗思想

毛泽东同志的艰苦奋斗思想是毛泽东思想的重要组成部分，是中国共产党在长期革命和建设实践中形成的重要理念，是中国共产党的优良传统和作风，也是中国革命和建设取得胜利的重要保证，具有丰富的内涵和深远的影响。

首先，毛泽东同志强调艰苦奋斗是共产党人的政治本色。他在

《为人民服务》中指出："我们的共产党和共产党所领导的八路军、新四军，是革命的队伍。我们这个队伍完全是为着解放人民的，是彻底地为人民的利益工作的。"这体现了共产党人要全心全意为人民服务、保持艰苦奋斗的作风。其次，毛泽东同志认为艰苦奋斗是战胜困难、取得胜利的重要法宝。他在《论持久战》中强调："战争的伟力之最深厚的根源，存在于民众之中。"在长征途中，他号召红军战士要不怕困难、不怕牺牲；在抗日战争时期，他提出"自己动手，丰衣足食"的口号；在社会主义建设时期，他强调要发扬艰苦奋斗精神，自力更生。再次，毛泽东同志强调艰苦奋斗要与群众同甘共苦。他在《关心群众生活，注意工作方法》中指出："真正的铜墙铁壁是什么？是群众，是千百万真心实意地拥护革命的群众。这是真正的铜墙铁壁，什么力量也打不破的，完全打不破的。"说明了共产党人要密切联系群众，与群众同甘共苦，才能得到群众的拥护和支持。最后，毛泽东同志还强调艰苦奋斗要实事求是，注重调查研究。他在《改造我们的学习》中指出："'实事'就是客观存在着的一切事物，'是'就是客观事物的内部联系，即规律性，'求'就是我们去研究。"这说明了艰苦奋斗要建立在实事求是的基础上，深入实际开展调查研究，制定符合实际的政策和措施。

(二) 邓小平同志的艰苦奋斗思想

邓小平同志的艰苦奋斗思想是邓小平理论的重要组成部分，强调了艰苦奋斗对于国家和个人发展的重要性，通过不懈努力和勤俭节约推动经济改革和现代化建设，为国家繁荣和人民幸福奠定了坚实的基础，也为世界范围内发展中国家提供了宝贵经验和启示。

首先，邓小平同志强调了艰苦奋斗精神的重要性。他指出："中国搞四个现代化，要老老实实地艰苦创业。我们穷，底子薄，教育、科学、文化都落后，这就决定了我们还要有一个艰苦奋斗的过程。"这体现了他深刻认识到中国国情下艰苦奋斗对于实现现代化的不可或缺性，艰苦奋斗不仅仅是物质生活上的节俭和努力，更是一种精神状态和价值取向。其次，邓小平同志强调要坚持自力更生的发展道路。他指出："中国如果不普遍地提倡艰苦奋斗、勤俭节约，要在本世纪末实现国民生产总值翻两番的目标就不能达到。"这表明他对国家自主发展的坚定信念，主张依靠自身的努力和智慧，充分挖掘国内资源和潜力，积极参与国际合作和交流，实现经济和社会的发展。另外，邓小平同志提倡勤俭节约的生活作风。他指出："要勤俭建国，反对铺张浪费，提倡艰苦朴素、同甘共苦。"他认为勤俭节约是一种美德，应该注重资源的合理利用，避免浪费和奢侈。再次，邓小平同志作为中国改革开放的总设计师，倡导改革创新精神。他提出："改革是中国的第二次革命。"他鼓励勇于创新、敢于尝试，不断探索适合中国国情的发展模式和机制，以适应时代的变化和发展的要求。最后，邓小平同志强调"必须下长期奋斗的决心"。他强调："我们搞社会主义才几十年，还处在初级阶段。巩固和发展社会主义制度，还需要一个很长的历史阶段，需要我们几代人、十几代人，甚至几十代人坚持不懈地努力奋斗，决不能掉以轻心。"这体现了他对奋斗持久性和长期性的认识，艰苦奋斗要有长远的规划和目标。

（三）江泽民同志的艰苦奋斗思想

江泽民同志的艰苦奋斗思想是其思想理论体系的重要组成部分，强调了自力更生、艰苦创业的精神，促进了经济发展和社会进步，推动了中国特色社会主义事业的发展，为实现全面建设小康社会的目标提供了精神动力，具有重要的理论和现实意义。

首先，江泽民同志强调了艰苦奋斗思想的重要性。他指出："我们党的性质、宗旨和肩负的历史使命，决定了我们党必须坚持艰苦奋斗的政治本色。"这体现了他对艰苦奋斗精神的深刻理解和高度重视，诠释了艰苦奋斗的政治本色与中国共产党性质的密切关系。其次，江泽民同志强调艰苦奋斗精神在不同的时代有不同的要求和表现形式。他在讲话中指出："我们党和军队是靠艰苦奋斗起家的，也是靠艰苦奋斗不断发展壮大起来的。今天我们搞社会主义现代化建设，同样要靠艰苦奋斗。"这表明艰苦奋斗精神是与时俱进的，需要根据时代的发展不断赋予新的内涵。再次，江泽民同志强调了青年一代要在艰苦奋斗中成长和锻炼。他指出："青年只有顺应社会发展的潮流，把个人的前途和命运与国家、民族的前途和命运紧紧地联系在一起，并为之奋斗不息，才能创造无悔的青春和取得毕生的成功。"这体现了他对青年一代的期望，鼓励广大青年要通过艰苦奋斗实现个人价值。然后，江泽民同志强调艰苦奋斗是推动社会进步的重要力量。他指出："我们必须紧紧抓住机遇，始终坚持与时俱进，始终坚持艰苦奋斗，集中精力办好自己的事情，把经济建设搞上去，把综合国力搞上去。"这体现了艰苦奋斗精神在社会发展中的重要作用。最后，江泽民同志还特别强调了在艰苦奋斗中实践的重要性。他指出："青年人要自觉地到祖国最需要的地方去，到条件艰苦的地方去，在改革开放和现代化建设的伟大实践中经风雨，见世面，长才干，作贡献。"这表明艰苦奋斗不仅是一种理念，更需要在实际行动中体现。

（四）胡锦涛同志的艰苦奋斗思想

胡锦涛同志的艰苦奋斗思想是其思想理论体系的重要组成部分，强调了奋发图强、脚踏实地、不懈奋斗，为促进经济社会的可持续发展、推动社会公平正义的实现，以及个人的成长和发展提供了重要的理论和现实指导。

首先，胡锦涛同志曾在不同场合多次强调了奋斗精神的内涵。他指出，"艰苦奋斗作为我们党的优良传统和作风，作为我们马克思主义政党的政治本色，是凝聚党心民心、激励全党和全体人民为实现国家富强、民族振兴共同奋斗的强大精神力量"，这说明奋斗精神是中国共产党的本质特征和宝贵财富。其次，胡锦涛同志指出了艰苦奋斗的重要意义。他强调："我们必须始终坚持艰苦奋斗，因为只有坚持艰苦奋斗，才能不断克服困难，不断前进。"这体现了艰苦奋斗对于实现个人和国家目标的重要意义。再次，胡锦涛同志强调要明确艰苦奋斗的目标。他指出："我们的奋斗目标是全面建设小康社会，实现中华民族的伟大复兴。"这一目标为全体中国人民指明了前进的方向，激励大家为之不懈奋斗。然后，胡锦涛同志强调了实践在艰苦奋斗中的突出作用。他鼓励干部群众要"脚踏实地，埋头苦干"，强调"实践是检验真理的唯一标准"，倡导"勤俭节约，反对铺张浪费""节约光荣，浪费可耻"的社会风尚。最后，胡锦涛同志强调了持续奋斗的重要性。他指出："我们要坚持不懈地奋斗，不断开创中国特色社会主义事业新局面。"这说明了持续奋斗的重要性，对持续奋斗提出了明确要求。

综上所述，中国共产党历代领导人的艰苦奋斗思想涵盖了奋斗精神的多方面内容，如内涵特征、重要意义、目标价值、实践属性等，为推动国家发展和个人进步奠定了坚实基础，对于高职院校学生奋斗精神培育的相关研究具有深远影响。

四、现实逻辑：习近平总书记关于奋斗精神的重要论述

习近平总书记关于奋斗精神的重要论述是在继承马克思主义经典作家奋斗观、中华优秀传统文化中的奋斗精神，以及中国共产党历代领导人的艰苦奋斗思想的基础上，结合新时代、新形势、新要求创新发展而形成的，激励着全国人民为实现中华民族伟大复兴的中国梦而不懈努力，对于国家发展、民族进步和个人成长具有关键的引领作用。

（一）奋斗精神的内涵实质

习近平总书记关于奋斗精神的重要论述，深刻阐释了奋斗精神的内涵实质。例如，"幸福都是奋斗出来的"表明了奋斗对于实现幸福的关键作用，唯有坚持不懈地奋斗，方能创造美好生活和实现个人价值。"奋斗是青春最亮丽的底色"凸显了青春的活力和创造力，强调通过奋斗展现青春的魅力和价值。"征途漫漫，惟有奋斗"说明在追逐目标和梦想的征程中，无论遭遇多大困难和挑战，都必须持之以恒地奋斗。"奋斗者是精神最为富足的人"强调奋斗不仅带来物

质收获，更能培养坚韧、自信等宝贵的精神品质。"撸起袖子加油干"这一生动的表述鼓励人们积极行动，全力以赴地投入工作，以实际行动朝着目标奋力前进。"竞相奋斗、团结奋斗"倡导个人奋斗与集体奋斗相结合，凝聚各方力量共同推动事业发展。这些论述充分体现了奋斗精神的内涵实质，激励着人们坚定奋斗信念、明确奋斗方向、保持奋斗热情，为实现中华民族伟大复兴的中国梦而努力奋斗。

（二）奋斗精神的目标追求

习近平总书记关于奋斗精神的重要论述，深入阐释了奋斗精神的目标追求。他指出，"实现中华民族伟大复兴，就是中华民族近代以来最伟大的梦想""中华民族伟大复兴，绝不是轻轻松松、敲锣打鼓就能实现的。全党必须准备付出更为艰巨、更为艰苦的努力"。这强调了奋斗精神是实现中国梦的强大动力。习近平总书记还指出，"新时代的伟大成就是党和人民一道拼出来、干出来、奋斗出来的""坚持好、发展好中国特色社会主义，把我国建设成为社会主义现代化强国，是一项长期任务，需要一代又一代人接续奋斗"。这些都表明奋斗精神是推进国家现代化建设的必要条件。习近平总书记始终关注人民的福祉，他强调："人民对美好生活的向往，就是我们的奋斗目标""我们的目标很宏伟，也很朴素，归根结底就是让全体中国人民都过上好日子""必须以满足人民日益增长的美好生活需要为出发点和落脚点，把发展成果不断转化为生活品质，不断增强人民群众的获得感、幸福感、安全感"。这说明了奋斗的最终目标是让人民过上幸福美好的生活。习近平总书记鼓励每个人通过奋斗实现自身的成长和价值，他强调："新时代是奋斗者的时代""无数平凡英雄拼搏奋斗，汇聚成新时代中国昂扬奋进的洪流"。这充分体现了奋斗精神对社会进步和发展的重要意义。这些论述充分体现了习近平总书记对奋斗精神目标追求的全面阐释，强调了奋斗精神不仅是推动国家发展的强大动力，也是实现个人价值和幸福的关键。

（三）奋斗精神的实践路径

习近平总书记关于奋斗精神的重要论述，全面分析了奋斗精神的实践路径。他强调："奋斗是青春最亮丽的底色，行动是青年最有效的磨砺。有责任有担当，青春才会闪光。"这意味着奋斗精神需要勇于担当，积极主动承担工作任务，敢于直面困难和挑战，勇于承担责任。习近平总书记还指出："我们通过奋斗，披荆斩棘，走过了万水千山。我们还要继续奋斗，勇往直前，创造更加灿烂的辉煌！"这说明了奋斗是一个持续不断的过程，需要持之以恒地努力工作，坚持不懈地追求进步。他强调："创新是一个民族进步的灵魂，是一个国家兴旺发达的不竭源泉，也是中华民族最鲜明的民族禀赋。"这体现了奋斗精神的实践需要勇于探索新的思路和方法，以创新驱动发展，敢于尝试新事物，突破传统，推动社会的进步和发展。习近平总书记还指出："团结就是力量，团结才能胜利。"这诠释了奋斗不是个人的单打独斗，而是要善于与他人合作，发挥团队的力量，携手攻克难关。他指出："追梦需要激情和理想，圆梦需要奋斗和奉献。"这充分说明了奋斗精神不仅仅是为了个人的利益，更是为了国家和人民的利益。从奋斗的实践层面理解习近平总书记关于奋斗精神的重要论述，就是要在实际工作和生活中，勇于担当、持续努力、创新创造、团结协作、奉献社会，以实际行动践行奋斗精神，不断提升奋斗能力和实践水平。

综上所述，习近平总书记关于奋斗精神的重要论述，深刻回答了新时代奋斗精神的内涵实质、目标追求和实践路径等问题，为高职院校学生奋斗精神培育提供了明确的方向和科学的指引。

第三节 学生奋斗精神培育的重要意义

奋斗精神是时代发展的动力源泉，也是个人成长的必备品质。在新时代，高职院校学生作为社会主义现代化建设的生力军，培育其奋斗精神对于国家和社会的宏观层面、学校教育的中观层面及个人的微观层面都具有重要的现实意义。

一、宏观层面：国家发展和社会进步

（一）继承和发展马克思主义

马克思主义作为中国共产党的指导思想和中国特色社会主义事业的理论基础，与奋斗精神的价值观相契合。培育高职院校学生的奋斗精神，有助于更好地继承和发展马克思主义。在新时代，应教育引导学生深入学习马克思主义理论，并将其运用到实际学习和生活中。通过奋斗精神的培育，使学生能够更深刻地理解马克思主义的本质和内涵，从而坚定共产主义远大理想和中国特色社会主义共同理想。同时，奋斗精神还能鼓励学生积极参与实践锻炼，为实现共产主义的远大目标而努力拼搏，这不仅推动了马克思主义与中国实际的结合与创新，也为中国特色社会主义事业提供有力的人才支持。

（二）传承中华优秀传统文化

中华优秀传统文化源远流长，蕴含着丰富的奋斗精神元素。奋斗精神体现了中华民族坚韧不拔、自强不息的品质，是中华文化的重要组成部分。通过培育学生的奋斗精神，可以更好地传承和弘扬中华优秀传统文化。在新时代，高职院校学生作为社会主义建设的后备军，将这种精神融入其学习和生活中，不仅能坚定他们的文化自信，让他们充分了解中华民族的悠久历史文化传统，还能有效激发他们对中华优秀传统文化的兴趣和热爱，从而更加自觉地传承和弘扬中华优秀传统文化，增强民族自豪感和自信心。

（三）弘扬中国共产党的奋斗精神

中国共产党在长期的革命、建设和改革过程中，形成了独特的奋斗精神。培育高职院校学生的奋斗精神，是弘扬中国共产党奋斗精神的重要途径。通过教育和引导，学生可以了解中国共产党的光辉历程和伟大成就，感受奋斗精神的强大力量，激发爱国情怀和责任意识，为实现中华民族伟大复兴的中国梦而努力奋斗。同时，弘扬党的奋斗精神还有助于培养学生的集体主义观念和团队协作精神，使他们在未来的工作中更好地与他人合作，为国家和社会的发展贡献力量。

（四）推动国家发展和社会进步

高职院校学生是国家未来的建设者和接班人，他们的奋斗精神直接影响国家的发展和社会的进步。具有奋斗精神的学生能积极适应新时代的需求，主动学习新知识、掌握新技能，不断提升综合素质，为国家的经济建设和社会发展贡献力量。此外，奋斗精神的培育还能激发学生的创新意识和创业精神，使其在竞争激烈的现代社会不断创新、勇于拼搏，在科技强国的征程中脱颖而出。同时，通过培育学生的奋斗精神，激励每个人依靠努力实现自身价值，有助于推动社会的和谐发展，减少不公平等不良现象，营造健康良好的社会环境。

二、中观层面：学校教育和人才培养

（一）奋斗精神是落实立德树人根本任务的重要基石

立德树人是高职院校人才培养的根本任务，而奋斗精神则是落实这一任务的重要基石。通过培育学生的奋斗精神，引导他们树立正确的世界观、人生观和价值观，使学生具备积极向上的人生态度和强烈的社会责任感，成为有理想、有道德、有担当的社会栋梁。通过教育教学和实践活动等多种手段，帮助学生明确奋斗目标，培养其坚韧不拔的意志和积极进取的精神品质。通过培育奋斗精神，让学生明晰自身的人生目标和价值追求，持之以恒地提升知识和技能，在面临困难和挑战时坚守道德底线，积极关注社会问题并踊跃参与社会公益活动，强化学生的自我约束和自我管理能力，构建良好的人际关系和社会环境，为个人成长和社会发展做出积极贡献。

（二）奋斗精神是提高教育教学质量的核心动力

奋斗精神与教育教学质量紧密相连，是提升教育教学质量的核心动力之一。教师在教学过程中以身作则，践行奋斗精神，能够激发学生的学习兴趣和自主学习能力。学生在奋斗氛围的熏陶下，更乐于积极主动地参与学习，追求知识的增长和技能的精进，与教师形成良性互动，共同推动教学效果的提升。同时，奋斗精神的培育能够有效激发教师的教学积极性和创新意识，进一步提高教育教学质量，孕育出更为卓越的人才。此外，学校还可以通过组织各类竞赛、实践项目等活动，为学生搭建展示和践行奋斗精神的平台，进一步提升教育教学质量。

（三）奋斗精神是塑造校园文化的内在要求

校园文化是学校的精神内核和特色标识，对于学生的成长和发展具有深远影响。塑造以奋斗精神为鲜明特征的校园文化，使奋斗精神成为校园文化的核心价值元素，是高职院校校园文化建设的内在要求。营造积极向上、奋发进取的校园文化氛围，能够促进学生相互激励、相互学习，激励学生勇于追逐梦想、勇于创新。同时，通过举办各类活动、竞赛，大力弘扬新时代奋斗精神，能够培养学生的团队合作精神和创新创造能力，促进优良学风和校风的形成。此外，积极向上的校园文化还有助于吸引更多优秀的师生，不断提升学校的核心竞争力和社会美誉度。

（四）奋斗精神是培养高素质技术技能人才的有力支撑

高职院校人才培养的目标是为社会输送大量高素质技术技能人

才，奋斗精神是实现这一目标的有力支撑。奋斗精神促使学生在实践中不断锻炼技能，勇于挑战困难、精益求精、追求卓越。在竞争激烈的就业市场中，具有奋斗精神的高职院校学生更能适应职业环境的变化和挑战，展现出积极进取、勇于挑战和持续努力的优秀品质，从而更快成长为能够担当重任的中坚力量。学校应积极探索行之有效的培养途径和方法，将奋斗精神融入教育教学的各个环节，增强学生的综合素质和就业竞争力，为学生的未来发展创造更好的条件和机会。

三、微观层面：个人成长和自我价值实现

（一）塑造健全人格与良好品德

奋斗精神在学生健全人格和良好品德的塑造中具有重要意义。通过奋斗精神教育，使学生坚守正义、诚实守信、团结协作，培养积极心态和坚韧意志。面对困难与挫折，他们能保持乐观并坚持不懈地追求目标。同时，奋斗过程中的成功经验有效增强了学生的自信和自尊，使他们更清晰地认识自我价值。此外，奋斗精神能够促进良好人际关系的建立，让学生学会合作与互助，培养乐观向上的人生态度。

（二）实现自我价值和获得成就感

奋斗精神是学生实现自我价值和获得成就感的关键。通过不懈的努力和奋斗，学生能够明确个人目标和方向，在提升能力和技能的过程中逐步实现自我价值最大化。奋斗带来的成就和进步不仅让

学生赢得他人的认可和尊重，更让他们获得满足感和成就感。这种成就感不仅源于学业进步，也源于个人技能和社交能力提升等方面。此外，奋斗精神能够有效激发学生的潜力和能力，推动他们不断进取，实现更高的人生目标。

(三) 培养社会责任感与奉献精神

奋斗精神不仅关注个人成长，更强调社会责任和奉献精神。在奋斗过程中，学生意识到自身成长与社会发展的紧密联系，通过参与公益活动等方式为解决社会问题贡献力量。同时，在团队合作中，学生学会担当责任，通过与他人团结协作培养团队合作精神。社会责任感的培养使学生明白个人成功不仅取决于自身努力，还与社会整体发展息息相关，进而激励他们为社会的进步和发展贡献更多力量。

(四) 提升个人综合素质

奋斗精神是提升学生个人综合素质的强大动力。奋斗精神培育过程能够促使学生不断努力进取，丰富自己的知识和技能储备。在奋斗实践中，学生需要创新并尝试新方法，增强面对困难和挑战时的适应能力和抗压能力，培养创新和解决问题的能力。同时，奋斗过程中的团队合作和领导角色，有助于提升学生的领导能力和团队合作能力。此外，奋斗能增强学生的身体和心理素质，使其更好地应对未来生活和工作中的各种压力。

第四节　本章小结

　　在现有研究成果的基础上，本章首先明确了项目研究中核心概念的内涵，包括奋斗、奋斗精神、新时代高职院校学生奋斗精神及其培育等。进而从理论逻辑、文化逻辑、历史逻辑和现实逻辑四个方面，全面梳理了高职院校学生奋斗精神培育的理论渊源，涵盖马克思主义经典作家的奋斗观、中华优秀传统文化中的奋斗思想、中国共产党历代领导人的艰苦奋斗思想，以及习近平总书记关于奋斗精神的重要论述。最后，从宏观层面的国家发展和社会进步、中观层面的学校教育和人才培养及微观层面的个人成长和自我实现三个层面，深入剖析了高职院校学生奋斗精神培育的重要意义，为本项目后续研究工作奠定了坚实的理论基础。

第三章

新时代高职院校学生奋斗精神培育的现状分析

本章在相关理论分析的基础上，采用问卷调查的方式，进一步了解新时代高职院校学生奋斗精神培育的现实状况。通过对问卷调查数据的分析，总结提炼学生奋斗精神培育取得的成效，深入分析学生奋斗精神的弱化表现和存在问题，并深刻剖析问题产生的原因，为项目的后续研究提供翔实有效的数据支撑。

第一节　问卷调查的基本情况

为准确把握新时代高职院校学生奋斗精神的培育现状，本项目特制定了《新时代高职院校学生奋斗精神培育调查问卷》（见附录），本节主要对此次调查的基本情况进行概述，包括调查内容、问卷设计、调查对象、调查方法，以及调查样本的基本情况等。

一、调查内容和问卷设计

此次调查问卷整体上由三部分组成。第一部分，主要涉及调查对象的基本情况，具体涵盖年龄、性别、政治面貌、学校名称、专业名称、所在年级等基本信息。第二部分，侧重围绕学生奋斗精神的具体表现进行调研，主要包括学生对奋斗精神的认知情况、产生动机、表现行为、关联要素和总体评价等层面。第三部分，针对学生奋斗精神培育的现实状况进行调研，主要涉及学生奋斗精神培育的致因分析、实施路径和需求建议等方面。调查问卷结构如表3-1所示。

表3-1　高职院校学生奋斗精神培育调查问卷结构

调查内容	题号设置	调查目的
调查对象的基本信息	1～6	了解调查对象的基本情况
高职院校学生奋斗精神的具体表现	7～10	了解学生奋斗精神的认知情况
	11～13	了解学生奋斗精神的产生动机
	14～18	了解学生奋斗精神的表现行为
	19～24	了解学生奋斗精神的关联要素
	25～29	了解学生奋斗精神的总体评价
高职院校学生奋斗精神培育的现实状况	30～31	了解学生奋斗精神培育的致因分析
	32～34	了解学生奋斗精神培育的实施路径
	35～37	了解学生奋斗精神培育的需求

二、调查对象和调查方法

本次问卷调查工作充分发挥全国高职院校学生工作交流平台的作用，通过设计和发放电子问卷，有针对性地选取全国10余所高职院校的学生进行问卷调查。本次采用电子问卷调查法，具体可分为三个阶段。第一阶段是调查问卷的前期准备。此阶段主要通过互联网查阅、收集与项目研究相关的文献，学习和借鉴问卷调查的开展形式和问卷设计方式，为后续问卷设计做好准备。第二阶段是调查问卷的规划设计。围绕项目研究定位，在前期研究的基础上，提前预设相关影响因素，注重问题设计的逻辑性和有效性，提高问卷的合理性和适用性。第三阶段是调查问卷的发放和数据分析。将设计好的问卷以网络传输的方式发放给相关被调查高职院校，调查对象线上完成问卷的填答，确保回收的数据及时有效。同时，利用数据统计和分析软件，进行数据分析和图表设计，确保调查的数据结论真实可靠。

三、调查实施和样本数据

本次参与问卷调查的高职院校覆盖北京、山东、浙江、内蒙古、江苏、江西6个省市和自治区，包括浙江金融职业学院、北京电子科技职业学院、北京财贸职业学院、山东商业职业技术学院、内蒙古化工职业学院等10余所高职院校。此次问卷调查的对象涵盖在校的各学段专科学生，问卷调查于2024年3月至4月进行，最终收回4954份问卷，其中有效问卷4934份，无效问卷20份，有效率达99.6%。调查对象的基本情况如表3-2所示。

表3-2　高职院校学生奋斗精神培育问卷调查对象基本情况

调查项目	选项内容	调查人数	百分比（%）
性别	男	2739	55.51
	女	2195	44.49
政治面貌	中共党员或预备党员	101	2.05
	共青团员	1618	32.79
	群众	3215	65.16

调查项目	选项内容	调查人数	百分比（%）
学校层次	"双高计划"建设院校	1970	39.93
	非"双高计划"建设院校	2964	60.07
所在年级	大一	3018	61.17
	大二	1761	35.69
	大三	155	3.14

第二节　学生奋斗精神培育的积极成效

问卷调查结果显示，高职院校学生在奋斗精神的主观意识、奋斗精神时代价值的认同度，以及奋斗精神的实践行动等层面均呈现出了奋斗精神培育一定程度的积极成效。调研结果为全面、客观了解新时代高职院校学生奋斗精神的培育现状，以及后续研究的深入开展提供了强有力的数据支撑。

一、学生普遍具备奋斗精神的主观意识

学生具备奋斗精神的主观意识是奋斗精神培育的前提。通过调研发现，高职院校学生已普遍具备了奋斗精神的主观意识。

调研结果显示，78.78%的学生表示"在新时代高职院校学生非常有必要培育奋斗精神"，这表明绝大多数学生能够充分认识到奋

斗精神对于高职院校学生个人成长和未来发展的重要性，体现了新时代学生奋斗精神培育的积极成效。在关于个人奋斗目标的调查中，48.28%的学生表示"非常清楚自己的奋斗目标"，这表明近半数的学生积极关注自身的职业发展和个人成长，对未来发展具有一定的认知和规划。66.11%的学生表示"非常愿意主动寻求职业培训、技能竞赛等提升自己的机会"，这表明大部分学生具有积极进取、自我提升的强烈意愿，对未来职业发展有着较高的期望和追求。97.01%的学生表示"在团队合作中，分别扮演着团队领导、组织协调等重要角色"，这说明绝大多数学生重视团队合作，具有积极的合作态度。

可以看出，高职院校学生能够充分认识到奋斗精神的重要性，并将奋斗视为实现个人价值的必要途径。学生对自我成长和未来发展充满期待，逐步建立起明确的发展目标，愿意积极主动地参与学习和实践活动，注重在实践过程中发挥团队协作的力量，努力提升自己的知识和技能水平。

二、学生能够认同奋斗精神的时代价值

学生认同奋斗精神的时代价值是奋斗精神培育的强大动力。通过调研发现，大多数高职院校学生能够认同奋斗精神的时代价值。

调研结果显示，80.1%的学生表示"奋斗精神在新时代具有非常重要的地位"，这表明奋斗精神在当今社会得到了高职院校学生的广泛认同，与新时代的社会发展需求相契合，大多数高职院校学生能够充分认识到奋斗精神的时代价值。71.28%的学生认为"奋斗精神

对个人成长起关键作用，能激发潜力实现目标"，这表明大部分学生认识到在当今竞争激烈的社会中，奋斗精神是激发个人潜力和实现目标的关键要素，只有通过不懈努力和奋斗才能实现个人的理想和目标。此外，50.03%的学生表示"奋斗的目的是为社会做出更大的贡献"，这说明半数的学生能够认识到个人的奋斗不仅是为了自身的利益，更是为社会做贡献，体现了良好的社会责任感和价值使命感。

可以看出，高职院校学生能够充分认识到奋斗精神的时代价值和对个人成长发展的重要意义，认识到奋斗精神有助于树立正确的世界观、人生观和价值观，积极面对生活中遇到的各种挑战，并通过自己的努力为社会的进步贡献力量。

三、体现一定奋斗精神的实践行动

奋斗精神的实践行动是学生奋斗精神培育成效的直接体现。通过调研，我们可以更直观地感受学生奋斗精神培育的积极成果。

调研结果显示，53.67%的学生表示"经常积极参加专业实践、社团活动等各种实践锻炼活动"，这说明超过半数的学生具有积极参加实践锻炼的意愿和习惯，对通过实践提升自己的能力有较高的期望。48.3%的学生表示"在专业学习和技能提升上非常努力"，这说明近半数的学生认识到专业学习和技能提升的重要性，具备较强的自我驱动力和学习自律性。当被问及面对困难的态度时，86.12%的学生表示"积极应对，努力克服"，这反映出绝大多数学生具有较强的心理韧性和适应能力，具备主动解决问题的意识和信心，能够积极乐观地面对困难和挑战。

可以看出，高职院校学生在奋斗精神的引领下，努力进取、积极实践、团队合作，展示了在专业学习和实践锻炼方面积极进取的态度和攻坚克难的精神风貌，为未来发展创造更广阔的空间。

第三节　学生奋斗精神弱化的具体表现

问卷调查结果显示，被调查者认为"高职院校学生缺乏奋斗精神的具体表现"的前四项分别是缺乏拼搏奋斗的观念、缺乏长期明确的目标、缺乏持之以恒的毅力和缺乏正确坚定的信念。结合相关调研数据和受众者判断角度能够更加全面认识高职院校学生奋斗精神的现实状况，也为当前工作和后续研究提供了重要的指导和借鉴。

一、认知不足：缺乏正确坚定的奋斗观

调研数据显示，57.01%的被调查者认为"高职院校学生缺乏拼搏奋斗的观念是奋斗精神缺乏的具体表现"，这说明学生对奋斗缺乏深刻认知和价值认同，在树立正确的世界观、人生观和价值观方面存在不足，反映出在学生奋斗精神的价值塑造和引导巩固等方面需要进一步加强和改进。

首先，部分学生对奋斗精神的重要意义认识不够深刻。近20%

的学生认为"高职院校学生培育奋斗精神的必要性不强",这说明高职院校学生对奋斗精神的重要意义认识不足,这会削弱学生的自信心和价值感,限制和影响其未来的职业发展,意味着在引导学生树立正确奋斗观方面有待加强,在奋斗精神培育的方法和效果上需要改进、提升。

其次,部分学生对奋斗的目标和价值认识不够深刻。49.92%的学生表示"个人奋斗的目的是获取更多的物质财富或更高的社会地位",这说明部分学生对奋斗对于个人成长、社会进步等方面的重要性认识不足,在面对困难时容易失去信心,缺乏坚持不懈的动力,意味着在教育引导学生树立更加全面和平衡的奋斗观方面需要加强。

二、动力不足:缺乏持之以恒的奋斗意志

调研数据显示,42.18%的被调查者认为"高职院校学生缺乏正确坚定的信念是奋斗精神缺乏的具体表现",这说明学生对于自身奋斗意志缺乏坚持不懈的信心和勇气,容易受到外界环境等因素的影响和干扰,难以形成良好的学习和生活习惯,反映出在学生奋斗意志的激发磨炼和行为养成等方面需要进一步提升和完善。

首先,部分学生对专业学习和自我提升缺乏内在的动力和热情。45.12%的学生表示"偶尔或很少参加专业实践等实践锻炼活动",这说明部分学生对专业学习的重视程度不够,对实践活动的效果和价值认识不足,在主动寻求实践机会方面的积极性不高,意味着学校需要采取有效措施提高专业学习和实践活动的吸引力和针对性。

其次，部分学生在面对困难和挫折时，容易失去信心和勇气，缺乏坚持不懈的奋斗意志。13.88%的学生表示"在学习和生活上遇到困难时会暂时搁置、逃避问题或者直接放弃"，这说明部分学生在学校和家庭层面的挫折教育中尚有欠缺，缺乏应对困难和解决问题的决心和毅力，意味着在培养学生的坚韧品质和坚强意志方面需要加强。

三、方向偏差：缺乏远大清晰的奋斗目标

调研数据显示，45.70%的被调查者认为"高职院校学生缺乏长期明确的目标是奋斗精神缺乏的具体表现"，这说明学生对于自身奋斗目标缺乏科学规划和具体行动，对自身兴趣、能力和职业规划等方面的认识不足，反映出在学生奋斗目标设定和长远发展规划等方面需要进一步优化和落实。

首先，少部分学生目标缺失，导致对个人发展感到迷茫。10.6%的学生表示"不清楚自己的奋斗目标"，这说明部分学生在自我认知和探索方面存在不足，缺乏对自身兴趣、能力和价值的深入了解，缺乏对职业发展和个人成长的深入思考，意味着在引导学生明确个人发展目标方面的工作有待加强。

其次，部分学生缺乏明确的发展规划，导致奋斗动力不足。42.55%的学生表示"没有明确的个人发展规划"，这说明部分学生对个人发展规划的重视程度不够，缺乏对自身能力和职业目标的清晰认识，缺乏对职业发展和个人成长的科学规划，意味着在学生职业生涯规划的教育和培训方面存在不足。

四、实践偏差：缺乏知行合一的奋斗行动

调研数据显示，44.39%的被调查者认为"高职院校学生缺乏持之以恒的毅力是奋斗精神缺乏的具体表现"，这说明学生对自身奋斗实践缺乏严格约束和持续推进，影响学习精力投入和既定目标实现，难以挖掘和发挥自身潜力，反映出在学生奋斗实践的统筹谋划和组织实施等方面需要进一步加强和推进。

首先，部分学生对自身奋斗的努力和付出精力不足。17.61%的学生表示"自己在专业学习和技能提升上不够努力"，这说明学生对提升自身素质和技能的紧迫性认识不够，缺乏良好的自我管理和自我约束能力，缺乏有效的学习方法和提升策略，意味着在加强教育教学改革和学生管理等方面有待提高。

其次，部分学生在实践中缺乏勇于创新的精神，不敢尝试新方法或新思路。32.37%的学生表示"高职院校学生缺乏创新创业的意识反映出奋斗精神缺乏"，这说明部分学生在创新创业方面的主动性和积极性有待提高，在创新思维和创造力培养方面有待加强，意味着学校在课程设置和教学方式方法上需要改进。

第四节　学生奋斗精神培育存在的问题
及原因剖析

一、理念层面：缺乏科学深化的教育理念

理念是高职院校学生奋斗精神培育的"引航灯"，缺乏科学深化的教育理念会导致奋斗精神培育的方向不明确、方法不恰当、效果不显著。调研结果显示，高职院校学生奋斗精神培育在理念层面存在问题。

首先，一些高职院校可能过于注重知识和技能的传授，而忽视了奋斗精神的培育。调研结果显示，44.3%的学生表示"希望学校举办励志讲座和活动来进行奋斗精神培育"。教育者可能更关注学生的考试成绩和职业技能，而对学生的品德、价值观和奋斗精神的培育缺乏足够的重视，这种教育理念容易导致学生只注重眼前的利益和成绩，而缺乏长远的奋斗目标和内在动力。

其次，一些高职院校的教育理念不能适应新时代新要求，无法满足现代社会对高素质技术技能人才的需求和期盼。调研结果显示，36.46%的学生表示"希望学校讲解市场发展趋势和行业需求来进行奋斗精神培育"。部分高职院校没有充分认识到培育学生奋斗精神的重要性，教育者未能将培养学生在面对竞争激烈的就业市场和社会压力时所需的坚韧、创新和适应性等品质作为重要的育人目标，这将导致教育理念与现实社会的需求脱节，使得学生在毕业后难以应

对实际工作中的困难和挑战。

再次，部分高职院校在奋斗精神培育方面缺乏个性化的教育理念。调研结果显示，38.81%的学生表示"希望学校提供个性化的辅导和帮助来进行奋斗精神培育"。每个学生都有其独特的背景、兴趣和发展需求，然而，一些高职院校往往采用一刀切的教育方法，忽略了不同类型学生的不同需求和个体差异，这将导致无法充分激发每个学生的潜力和积极性。教育者应该更加注重了解学生的个性特点，提供多样化的教育资源和机会，鼓励学生发挥自己的特长，培养他们的自主奋斗意识。

然后，一些高职院校的教育理念中存在对奋斗精神的狭隘理解。调研结果显示，28.6%的学生表示"希望学校加强对奋斗精神的宣传引导来进行奋斗精神培育"。奋斗精神不仅仅意味着努力学习和追求成功，还包括诸如坚韧不拔、勇于担当、团队合作和社会责任感等多个方面。然而，一些高职院校将奋斗精神仅仅局限于学业成绩和就业竞争力的提升，而忽略了培养学生全面发展的重要性。因此，这种理解可能导致学生在面对复杂的社会问题和人际关系时，缺乏足够的应对能力。

最后，部分高职院校在教育理念的落实过程中可能存在差距。调研结果显示，32.89%的学生表示"希望学校给予及时有效的反馈和激励来进行奋斗精神培育"。尽管一些高职院校提及重视奋斗精神的培育，但在实际教育教学和管理服务中并没有给予学生足够的支持和反馈，未能提供具体有效的指导，也没有建立相应的激励机制和评价体系来促进学生奋斗精神的培育。因此，这种理念与实践的差距使得奋斗精神的培育浮于表面，无法真正落地生根。

二、目标层面：缺乏清晰明确的载体内容

目标是高职院校学生奋斗精神培育的"方向标"，缺乏清晰明确的载体内容将会导致奋斗精神培育的实践操作缺乏具体方向和有效手段，影响培育效果。调研结果显示，高职院校学生奋斗精神培育在目标层面存在问题。

首先，奋斗精神的培育缺乏具体的目标和指标来引导。调研结果显示，82.45%的学生表示"坚定的信念和目标会在自己面对困难时激励自己继续奋斗"。然而，一些高职院校可能没有明确制定学生奋斗精神培育的具体目标，如培养学生的坚韧品格、创新能力、积极进取的态度等，使得教育工作缺乏针对性和可衡量性，难以评估学生奋斗精神的培育水平，也无法有效制订相应的教育措施和计划。

其次，缺乏清晰明确的载体内容可能导致教育活动的形式化。调研结果显示，55.82%的学生表示"希望学校提供更多的实践机会来进行奋斗精神培育"。奋斗精神的培育不能仅仅停留在理论讲解和口号宣传上，必须通过开设与奋斗精神相关的教学课程、组织实践实习活动、开展创新创业项目等具体的载体来落实。然而，一些高职院校缺乏具体的课程、活动或项目等载体，使得教育内容空洞无物，难以引起学生的共鸣和参与。

最后，目标层面的不明确可能影响教育资源的合理配置。调研结果显示，36.38%的学生表示"希望学校营造良好的教学条件和设施环境来进行奋斗精神培育"。如果没有明确的奋斗精神培育目标，学校在资源分配上可能会出现不均衡的情况，无法将有限的资源有

效投入奋斗精神培育中，这在一定程度上会导致师资培训、教材建设、实践基地建设等方面缺乏必要的支持，影响奋斗精神培育的效果。

三、路径层面：缺乏多元拓展的实现途径

路径是高职院校学生奋斗精神培育的"导航图"，缺乏多元拓展的实现途径将会限制学生奋斗精神的全面发展。调研结果显示，高职院校学生奋斗精神培育在路径层面上存在问题。

首先，课程设置单一限制了奋斗精神的培育。调研结果显示，68.34%的学生表示"希望学校开设奋斗精神的相关课程和培训来进行奋斗精神培育"。一些高职院校的课程设置往往侧重于专业技能的培养，而对奋斗精神的培养重视不足，这导致学生在课堂上缺乏系统的奋斗精神教育，无法深入理解奋斗精神的内涵和重要性。

其次，实践活动形式较为传统，缺乏创新性和吸引力。调研结果显示，70%以上的学生表示"希望参加职业技能竞赛、创新创业活动等与奋斗精神培育相关的活动"。一些高职院校的实践活动主要集中在校园内的社团活动、志愿服务等传统形式，缺乏更多与社会实际需求相结合且与时俱进的创新元素，这样的实践活动无法满足学生多样化的需求和兴趣，降低了学生的积极性和参与度。

再次，校外合作的局限性影响了学生奋斗精神的培育成效。调研结果显示，43.07%的学生表示"希望学校加强与企业深度合作来改进课程设置和教学方法"。校企合作可以为学生提供更广阔的实践平台，但目前一些高职院校与校外机构的合作不够紧密，在拓展校

外合作渠道并建立深度合作关系方面存在不足，为学生提供实践机会和职业发展指导不充分，合作形式和内容较为单一。

最后，针对个体差异的指导方法不足也是一个重要问题。调研结果显示，38.81%的学生表示"希望学校提供个性化的辅导和帮助来进行奋斗精神培育"。每个学生都有自己的特点和需求，而一些高职院校在方法层面未能充分考虑个体差异，不能根据学生的不同情况提供有针对性的培养方法和建议，缺乏个性化和深度指导。

四、方法层面：缺乏创新有效的手段措施

方法是高职院校学生奋斗精神培育的"助推器"，缺乏创新有效的手段措施将会制约学生奋斗精神的培育效果。调研结果显示，高职院校学生奋斗精神培育在方法层面存在问题。

首先，教育方法较为传统，缺乏创新性。调研结果显示，74.97%的学生表示"希望学校增加实践锻炼环节来改进课程设置和教学方法"。一些高职院校仍然采用传统的讲授式教学方法，未能引入小组讨论、案例分析、实践项目等实践性强的教学方法，忽视了学生的主体地位和参与度。这种单一的教育方法难以激发学生的学习兴趣和主动性，使得奋斗精神的培育效果和质量大打折扣。

其次，激励机制不够完善，无法充分激发学生的奋斗动力。调研结果显示，57.78%的学生表示"希望教师在培育学生奋斗精神方面加强激励的力度"。激励是培育奋斗精神的重要手段之一，但一些高职院校的激励机制存在不足之处，如奖励形式单一、评价标准过于注重成绩等，忽视了对学生综合素质和实践能力的综合评价，没

有建立包括物质奖励、精神激励、荣誉激励等在内的多元化的激励机制，无法全面激发学生的内在动力。

再次，榜样示范的缺乏是学生奋斗精神培育中的突出问题。调研结果显示，32.65%的学生表示"希望学校选树身边榜样和典型人物来进行奋斗精神培育"。榜样的示范作用可以激发学生的奋斗动力，一些高职院校不够重视通过榜样的示范引领作用对学生进行激励和引导，可能导致学生感到迷茫，缺乏明确的奋斗目标和方向，缺乏追求梦想的信心和勇气，奋斗精神也难以得到充分培育。

最后，运用现代信息技术手段培育学生奋斗精神有所欠缺。调研结果显示，30.65%的学生表示"希望学校充分运用现代信息技术手段来进行奋斗精神培育"。现代信息技术为奋斗精神培育提供新的途径和手段，是提升教育教学质量的重要保证。然而，一些高职院校在这方面的应用相对较少，未能充分发挥在线学习平台、网络媒体资源等信息技术优势，缺乏多样化的奋斗精神培育活动，一定程度上影响了教育的覆盖面和体验性。

五、环境层面：缺乏良好的支持氛围

环境是高职院校学生奋斗精神培育的"培养皿"，缺乏良好的支持氛围将会对学生奋斗精神培育产生负面影响。调研结果显示，高职院校学生奋斗精神培育在环境层面存在问题。

首先，校园文化环境对学生奋斗精神的培育具有深远影响。调研结果显示，63.25%的学生表示"学校教育环境对于自身奋斗精神具有很大影响"。然而，一些高职院校的校园文化建设水平相对滞后，未能将奋斗精神作为校园文化建设的重要元素，对奋斗精神的宣传和引导不足，不注重通过各类文化活动、树立奋斗榜样等多样化方式营造浓厚的奋斗文化氛围。

其次，教育教学条件对奋斗精神的培育起着关键作用。调研结果显示，53.79%的学生表示"希望采用现代化的教育教学手段来改进课程设置和教学方法"。一些高职院校在教育教学过程中，未能不断优化教育教学环境、引入先进的教学理念和方法、更新教学内容，一定程度上存在教学方法单一、教学内容陈旧等问题，无法满足学生的实际需求和兴趣爱好，无法有效激发学生的学习热情和奋斗精神。

再次，家庭环境也是影响学生奋斗精神培育的关键性、基础性因素。调研结果显示，72.07%的学生表示"家庭氛围对自身奋斗精神有着积极影响"。家庭经济困难或家庭教育缺失，家长与学校缺乏有效的沟通与合作，学生在家庭事务的决策中缺乏参与，都可能对他们的奋斗意识和动力产生负面影响。

然后，社会环境的影响也不可忽视。调研结果显示，70.98%的学生表示"社会环境对自身奋斗精神具有很大的影响"。当前社会存在一些浮躁、急功近利的现象，学生容易受到外界环境和不良思潮的影响。网络上消极不良的信息冲击着青年一代，对处于价值观塑造期的高职院校学生产生负面影响，使学生往往追求短期利益而忽视长期奋斗目标。

最后，校园人际关系环境也对学生的奋斗精神产生重要影响。调研结果显示，84.03%的学生表示"师生和同学间人际关系对自身奋斗精神具有积极影响"。一些高职院校忽视构建和谐悦纳的师生关系及友善包容的同学关系，导致出现师生关系紧张、同学关系不和谐等，都可能影响学生的学习积极性和奋斗动力。

六、效果层面：缺乏健全完善的评价机制

效果是高职院校学生奋斗精神培育的"试金石"，缺乏健全完善的评价机制会导致无法全面客观评估学生奋斗精神的培育效果，影响工作的改进和优化。调研结果显示，高职院校学生奋斗精神培育在效果层面存在问题。

首先，评价指标尚不够健全。一些高职院校在评价学生奋斗精神时，往往只关注学业成绩，而忽略了学生在实践能力、创新精神、团队合作等方面的表现。这导致评价结果无法全面反映学生的真实情况，也难以激发学生在其他方面的奋斗动力。

其次，评价方法较为单一。目前，一些高职院校仍然主要采用传统的考试评价方法，缺乏如项目实践、作品展示、小组汇报等多样化的评价手段，而这种单一的评价方法容易导致学生过分追求分数，却忽视了奋斗精神的培育，无法全面地评估学生的奋斗精神。

再次，评价主体也比较单一。在一些高职院校中，教师往往是唯一的评价主体，缺乏家庭、社会及学生等多方主体共同参与育人的评价机制，这可能导致评价结果的主观性和片面性，无法获取全面、客观的评价信息。

最后，评价过程缺乏动态性。一些高职院校的评价机制往往是一次性的，未能建立动态的评价机制，无法及时跟踪学生的发展情况，无法及时反馈学生的奋斗进展和变化，也可能对学生的有效激励造成不利影响。

第五节　本章小结

　　本章基于高职院校学生奋斗精神培育相关概念和理论分析，面向国内10余所高职院校的4954名学生开展了奋斗精神培育的问卷调查。首先，通过对调研数据的整理和分析，从奋斗精神的主观意识、时代价值和实践行动三个方面阐述了高职院校学生奋斗精神培育的积极成效。接着，从认知、动力、方向和实践四个层面，探讨了高职院校学生奋斗精神弱化的具体表现。进而，从理念、目标、路径、方法、环境和效果六个维度，揭示了高职院校学生奋斗精神培育中存在的问题及其成因，为项目的后续研究提供了丰富而翔实的数据支撑，也为制定高职院校学生奋斗精神培育实施策略奠定了基础。

第四章

新时代高职院校学生奋斗精神培育的影响因素辨识

本章基于学生奋斗精神培育现状的调研分析，聚焦高职院校学生奋斗精神培育的影响因素，通过运用解释结构模型法（Interpretative Structural Modeling Method，简称"ISM"方法）深入分析学生奋斗精神培育的影响因素，深刻揭示影响因素间的层次关系和相互作用，全面、客观、准确地掌握制约学生奋斗精神培育的影响因素，为有效提升学生奋斗精神培育成效提供科学的理论支持和决策依据。

第一节　影响因素辨识的原则与方法

一、影响因素辨识的原则

对高职院校学生奋斗精神培育的影响因素辨识准确与否，很大程度上决定了学生奋斗精神培育成效的高低，在科学有效地建立学生奋斗精神的培育路径和工作策略之初，首先应该明确影响因素辨识的原则，只有这样才能科学系统地识别和分析其影响因素，从而对影响因素进行全面综合分析。

（一）全面性与重点性相结合

在学生奋斗精神培育影响因素的辨识过程中，要全面综合地梳理和分析各种可能存在的因素，包括学生个体心理、家庭环境、学校教育和社会氛围等多个维度，从而更加全面地了解学生奋斗精神的形成和发展情况。同时，在全面分析的基础上，也要根据高职院校学生的特点和实际情况，重点关注对学生奋斗精神培育产生关键影响的因素，分析重点影响因素对学生奋斗精神培育的影响机制和作用方式。

（二）科学性与可操作性相结合

在学生奋斗精神培育影响因素的辨识过程中，要综合运用多种科学的研究方法和手段，如调查问卷、数据分析、专家咨询、文献辨析、案例分析等，避免主观臆断和个人偏见，确保对影响因素的辨识具有客观性和准确性。同时，要结合学生个人、学校、家庭和社会等不同主体的实际情况，充分考虑影响因素的实际可操作性，避免提出过于理想化和不切实际的建议和措施，以便将影响因素辨识的研究结果转化为奋斗精神培育的可行性措施。

（三）差异性与发展性相结合

在学生奋斗精神培育影响因素的辨识过程中，要坚持以学生为中心，尊重学生主体地位，充分考虑学生在性格、兴趣、能力等方面的特殊性，以及在成长特点、发展需求、奋斗目标等方面的差异性。通过采取多样化的方式方法，不断提升学生奋斗精神的培育成效。同时，针对学生在不同发展阶段面临的挑战和需求，不仅要注重学生当前的奋斗精神表现，更要关注学生的长远发展，及时制订奋斗目标和发展规划，不断激发学生的内在动力，培养其持续奋斗、不断进取的能力和品质。

(四) 动态性与系统性相结合

在学生奋斗精神培育影响因素的辨识过程中，随着时间、环境和条件等因素的变化，学生奋斗精神培育也受到多种因素的影响，并随之发生相应变化，因此要保持对这些因素的动态观察和分析，及时发现一些潜在的、长期的影响因素，建立有效的信息反馈机制，不断调整和优化学生奋斗精神的培育策略。同时，学生奋斗精神的培育过程本身就是一个复杂的系统工程，要充分考虑各种因素之间的相互关系和作用机理，综合运用多学科的理论和方法，全面系统地分析学生奋斗精神培育的复杂性，从而制定更有针对性的工作策略。

二、影响因素辨识的方法

学生奋斗精神培育的影响因素具有一定的客观性，但是影响因素辨识却是主观行为，不同专家学者根据研究需要所采取的辨识方法也各不相同。国内外相关研究资料显示，学生奋斗精神培育影响因素辨识的方法主要有问卷调查法、个人访谈法、专家咨询法、案例分析法等。其中，问卷调查法可以收集大量的数据，通过数据分析揭示因素之间的相关性和影响程度；个人访谈法通过一对一的深度访谈，深入了解学生的经历、态度和观点等，以获取更详细的信息；专家咨询法通过邀请教育专家、心理学者等相关领域的专业人士进行咨询和讨论，获取专业意见和实践经验；案例分析法通过选择一些典型案例，详细分析学生的奋斗经历、成功经验和面临的困难，从案例中归纳总结影响因素。

针对学生奋斗精神培育的影响因素辨识这一复杂系统问题，在影响因素辨识原则分析的基础上，本研究认为无论采取以上哪种方法，都可以从目标、结构和因素这三个维度对影响因素进行分析，这三个维度相互关联，共同构成了对学生奋斗精神培育影响因素辨识问题的多角度分析。通过目标维度的分析，可以确保选用的辨识方法与奋斗精神培育的目标一致；通过结构维度的分析，可以发现因素之间的协同或制约关系，为综合施策提供指导；通过因素维度的分析，可以针对具体因素采取有效措施。学生奋斗精神培育影响因素辨识的三维结构，如图4-1所示。

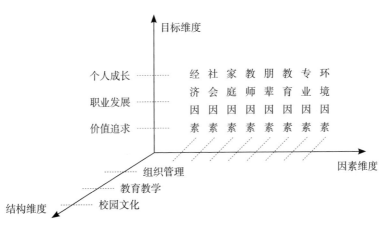

图 4-1 高职院校学生奋斗精神培育影响因素辨识的三维结构

（一）目标维度

目标维度关注的是与个人或组织的目标和方向相关的因素，提供了问题研究的方向和动力。在教育背景下，个人成长、职业发展和价值追求属于目标维度，涉及学生对自己的了解及明确自己的学习和发展目标。目标维度的重要性在于它为行动提供了明确的方向，可以帮助学生制订计划并为之努力，从而更有针对性地提升能力和技能。通过明确奋斗精神的培育目标，确定需要关注的关键方面，有助于实现目标。

（二）结构维度

结构维度侧重于分析教育系统或环境的组织结构和构成要素，提供了问题研究的支撑和框架。组织管理、教育教学和校园文化属于结构维度，涉及教育机构的整体质量和文化氛围。对结构维度进行分析，有助于评估教育体系的稳定性、资源分配的合理性，以及环境对学生成长的影响程度，识别关键因素及其在整个系统中的作用，更全面地理解奋斗精神培育的复杂机制。一个良好的教育结构可以提供良好的教育资源和积极的学习环境，促进学生的全面发展。

（三）因素维度

因素维度主要关注影响学生发展的各种具体因素，提供了问题研究的关键变量和具体要素。经济因素、社会因素、环境因素、教师因素、朋辈因素、专业因素等都可以归为因素维度，这些因素直接或间接地影响学生的学习动力、行为表现和成长发展。对因素维度进行分析，有助于深入探究每个因素对奋斗精神培育的影响，理解哪些因素对学生的发展起到积极或消极的作用，更准确地把握影响作用的本质和制约程度，为制定和优化培育策略提供科学依据。

综合考虑这三个维度，有助于更全面、系统地认识和理解学生奋斗精神培育的影响因素，多维度的分析方法也能够促进对学生奋斗精神培育问题的综合思考和全面把握，并为制订更加有效的培育方案提供科学依据。当然，在具体的情境中，也需要根据实际对这些维度进行进一步的细分或组合，以适应不同的研究或实践需求。

综上，本项目所运用的影响因素辨识的具体方法可概括为：基于项目研究定位，在基本概念界定和问卷调查分析基础上的综合分析法。首先，从影响因素的辨识范围来看，需与奋斗、奋斗精神、奋斗精神培育等基本概念内涵分析相结合，明确界定影响因素的内部和外部来源范围；从影响因素的辨识内容来看，要与高职院校学生奋斗精神培育现状分析内容相结合，构建起理念、目标、路径、方法、环境、效果等方面与影响因素辨识的映射关系；从影响因素的辨识层次来看，要与本项目的研究定位相结合，系统地建立高职院校学生奋斗精神培育影响因素的层次结构，科学理解各层级影响因素之间的递进和影响关系。

第二节　学生奋斗精神培育影响因素的辨识分析

综合前述研究，在听取相关专家和教育教学管理人员的意见和建议后，从整体层面将高职院校学生奋斗精神培育的影响因素分为内部影响因素和外部影响因素两大类，如图4-2所示。

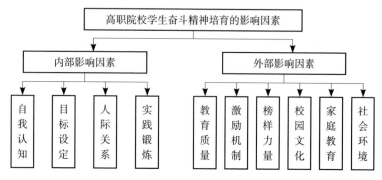

图 4-2 高职院校学生奋斗精神培育的影响因素构成

在图4-2中，内部影响因素主要包括自我认知、目标设定、人际关系、实践锻炼；外部影响因素主要包括教育质量、激励机制、榜样力量、校园文化、家庭教育、社会环境。

一、内部影响因素

高职院校学生奋斗精神培育的内部影响因素主要涉及与个体密切相关的内在属性和行为状态，反映了个体的内在品质、信念目标、关系属性和行为特征等，内部影响因素对学生奋斗精神培育发挥着直接作用。

（一）自我认知

自我认知是指一个人对自己的认识和理解，包括对自己的性格、兴趣、能力、价值观、优点、不足等方面的了解。通过对自己性格的认识，学生可以更好地理解自己的行为模式、情绪反应和与他人的相处方式。积极发现自己的兴趣爱好，有利于学生找到热爱的领域,从而更有动力去追求目标。充分了解自己的优势和劣势,客观评估自身的能力水平,有助于精准选择适合自己的学习方式和发展方向。明确自己的价值观,发挥价值观对决策和行为的正向影响。自我认知是一个不断发展和深化的过程,培养良好的自我认知对于学生的学业发展、职业规划和人际关系都至关重要。

(二) 目标设定

目标设定是指学生面对未来发展所设定的明确、具体、可衡量的目标,对于学生奋斗具有重要的引导和激励作用。学生要明确自身的奋斗方向,清楚知道自己要努力的方向和重点,避免分散精力和迷失方向。在清晰的目标指引下,学生会更有动力去为之努力奋斗,克服遇到的各种困难。设定目标有助于学生制订具体的行动计划,在目标的引领下,合理安排时间和资源,以逐步实现目标。同时,目标可以作为衡量学生进步和发展成就的标准,持续不断激发学生的潜能,让他们清楚地看到努力所带来的改变。随着目标的逐步实现,学生的自信心也会得到增强,更有信心应对未来的挑战。

(三) 人际关系

人际关系是指在教育教学过程中,教师与学生、学生与学生之间建立的沟通和互动关系,人际关系对学生奋斗精神的培育具有重要影响。师生之间、学生之间通过有效的互动和沟通,建立平等、尊重、和谐的人际关系,有助于学生更好地明确自身发展目标,激发学习热情和奋斗动力,勇敢面对和迎接新的挑战。同时,教师的关怀、支持与鼓励,可以让学生感受到关注和重视,不断激发学生的内在动力，持续提升学生的自信心，教育引导学生不懈奋斗，营造良好的教书育人氛围。同学之间的友善包容、互帮互助，也会有效增强学生团结奋斗的主动性，提升学生的沟通协调能力和团队合作能力。

（四）实践锻炼

实践锻炼是指学生通过实践活动和锻炼将理论知识转化为实践能力，包括实习实训、技能大赛、创新创业等多个方面，在学生奋斗精神培育中具有不可忽视的重要性。在实践锻炼中，学生面临真实的工作和生产环境，学会勇于应对困难和挫折，培养自身坚韧不拔和勇于奉献的精神，进一步激发自身奋斗的原动力。同时，与他人合作完成实践任务，有助于培养学生的团队精神和沟通能力，也为学生提供了展示自我和获得成就感的机会，让学生深刻认识奋斗的意义和价值，不断增强社会责任感和价值使命感。

二、外部影响因素

高职院校学生奋斗精神培育的外部影响因素主要指存在于学生个体外部，通常来自他人、社会和环境之中，并能够对学生个体的行为、态度、价值观等产生影响的各类因素，外部影响因素对学生奋斗精神的培育发挥着间接作用。

（一）教育质量

教育质量是学生奋斗精神培育的关键因素，在学生奋斗精神培育中发挥着至关重要的作用。高质量的教育能够为学生打下坚实的知识基础，培养学生积极进取的学习态度和正确的价值观，营造良好的学习氛围，并通过科学的评估体系和有效的反馈机制，持续激发学生的内在动力，促进学生不断进步和自我超越。首先，高质量的教育能够提供全面而系统的知识体系，使学生在学习过程中不断提升自己的能力和素养。通过优质的教学内容和教学方法，使学生具备扎实的学科基础，激发他们对知识的渴望和探索的兴趣，从而培养其奋斗的动力。其次，教育质量也与教师的素质和教学水平密切相关。优秀的教师不仅能够传授知识，更能激发学生的学习热情和潜能，教师通过引导、激励，帮助学生树立正确的学习态度和价值观念，激励学生追求卓越，培养其坚持不懈的奋斗精神。再次，教育质量还包括优质教育资源的供给和良好教育环境的营造。完备的教育教学设施、丰富的学习资源和积极向上的校园氛围能够对学生的奋斗精神产生积极的影响，学生能够感受到学习的重要性和自身的价值，更有动力去努力奋斗。最后，教育质量的评估和反馈机制也至关重要，体现了学生的学习成效，及时、准确的评估能够让学生了解自己的学习状况，积极的反馈和激励措施能够增强学生的自信心和成就感，促使学生调整学习策略，进一步激发其奋斗的意愿，让学生更加坚定地朝着目标努力。

（二）激励机制

激励机制在学生奋斗精神的培育中起着重要的推动作用，是激发学生奋斗精神的有效手段。通过明确目标、营造竞争环境、给予反馈和认可、提供发展机会、建立合理的奖励制度等多种方式，激发学生的内在动力和积极性，促使他们更加努力地奋斗。首先，激励机制可以明确目标和奖励，为学生提供前进的方向。设定具体、可衡量的目标，并给予相应的物质或精神奖励，使学生清楚地知道自己的付出将会得到回报，从而激发为之奋斗的动力。其次，适当的竞争环境是激励学生奋斗的重要因素之一。通过组织竞赛、评选等活动，让学生在竞争中接受挑战并获得成就感，不断激发学生的进取心和竞争意识。再次，及时的反馈和正面评价对学生的奋斗精神具有积极的影响。当学生的努力得到及时认可和赞扬时，他们会感到自己的付出得到了重视，特别是个性化的激励措施能够更好地满足学生的不同需求，使他们感到被关注和重视，进一步增强他们拼搏奋斗的信心。最后，激励机制还包括提供多样化的发展机会，给予学生展示才能的平台，如参加社团活动、文体比赛等，让学生有机会发挥自身优势，教育引导学生学会自我激励，充分认识奋斗的意义和价值。

（三）榜样力量

榜样力量在学生奋斗精神的培育中具有重要的影响力，是学生奋斗精神培育的强大外在激励因素。通过对优秀教师、学生楷模、成功人士等正面榜样的选树，学生能够获得奋斗的动力、学到成功的方法，并在榜样的引领下不断成长和进步。首先，榜样通过他们的行为和成就展示了奋斗的意义和价值。学生通过观察和学习榜样的努力、坚持和成功的经验，能够深刻理解努力奋斗所带来的成果和回报，从而激发自己内心的奋斗欲望。其次，榜样的行为模式和思维方式会对学生产生潜移默化的影响。他们的决策能力、解决问题的方法，以及面对困难时的坚韧精神，都会成为学生学习和模仿的对象。再次，榜样还能够给予学生信心和勇气去追求自己的目标。当学生看到榜样克服困难并取得成功时，他们会相信自己也具备类似的能力，从而勇往直前，不畏艰难。最后，榜样的存在让学生深切感受到奋斗目标的可实现性，榜样的故事和经历证明通过不懈努力和奋斗可以实现梦想，学生通过向榜样请教问题、寻求建议，从而获得宝贵的经验和指导，持续激励学生更加努力地去追求自己的理想。

（四）校园文化

校园文化在学生奋斗精神的培育中发挥着重要作用。积极健康的校园文化能够激发学生的内在动力，培养他们的奋斗意识和行动能力。首先，积极向上的校园文化能够营造一种浓厚的奋斗氛围。学校可以通过举办各类竞赛、活动和社团，鼓励学生积极参与并培养竞争意识和合作精神，激发学生的进取心，让学生亲身体验奋斗所带来的成就感和幸福感。其次，校园中的榜样也能够对学生的奋斗精神产生深远影响。学校可以选一些优秀学生或校友为榜样，让其他学生从他们的成功故事中汲取动力和启示。同时，教师作为学生的引领者，他们的奋斗精神和敬业态度也会成为学生学习的典范。再次，校园文化还包括学校的教育理念。强调奋斗、追求卓越的教育理念会贯穿于教育教学的各个环节，影响学生成长的各个方面。这样的校园文化氛围有助于引导学生树立正确的奋斗目标，促使学生在提升技能和个人发展的道路上不断前进。最后，校园还可以通过丰富多彩的课外活动和兴趣小组来促使学生多元化发展，有效发掘学生的特长和兴趣，激发学生的内在潜能和发展动力，让学生在自己擅长的领域展现奋斗姿态和奋斗精神。

（五）家庭教育

家庭环境是学生奋斗精神培育的重要基石，对学生奋斗精神的培育具有深远影响。和谐的家庭氛围、家长的榜样作用、合理的期望与支持等，都能够激发学生的奋斗精神，使他们在成长过程中获得心理满足，充满信心和勇气，努力实现自己的理想。首先，家庭是学生成长的第一课堂，家庭的价值观念和道德准则会在很大程度上塑造学生的性格和行为习惯。积极向上、注重奋斗的家庭氛围会潜移默化地影响学生，和谐、尊重和支持的家庭关系有助于学生建立良好的人际交往能力和情绪管理能力，使学生从小懂得努力和进取的重要性，学会面对奋斗过程中的挫折和困难。其次，家长的榜样作用对学生的奋斗精神有着直接的影响。如果家长自身具备奋斗精神，通过自己的努力取得成功并展现出积极的生活态度，学生往往会受到激励和启发，进而效仿家长的行为模式，努力追求自己的目标。再次，家庭对学生的期望和支持也是关键因素之一。家长对学生适度的期望能够激发学生的上进心和动力，让他们感到自己的努力是被重视的。同时，家庭提供的情感支持和物质条件也为学生奋斗提供了坚实的后盾，使他们能够更加专注地追求自己的梦想。最后，家庭中培养的自主学习和独立思考能力对学生奋斗精神的发展也十分重要。家长鼓励学生自主探索、解决问题并承担责任，能够培养他们的独立意识和应对困难的能力，从而在面对挑战时更有勇气和决心去奋斗。

（六）社会环境

社会环境在学生奋斗精神的培育中起着重要作用，是学生奋斗精神培育中的重要影响因素。社会应该倡导正确的价值观，提供公平的机会，鼓励创新创造和积极进取，为学生奋斗创造有利条件。首先，社会价值观对学生奋斗观的塑造产生深远影响。崇尚奋斗、鼓励进取的社会氛围能够激发学生的奋斗动力，使他们认同通过努力奋斗实现个人价值的观念。其次，社会文化氛围也对学生的奋斗精神培育有着重要影响。积极向上的文化环境能够培养学生的拼搏精神和创新意识，激发他们的创造力和探索欲望。再次，社会经济状况会直接影响学生的奋斗目标和动力。在经济发展较好的环境中，学生可能会获取更多的机会和资源，从而更积极地追求个人发展。然后，社会发展机遇对于学生奋斗至关重要。开放、公平的社会环境能够为学生提供更多展示才华和实现梦想的机会，使他们相信通过坚持奋斗和公平竞争可以获得成功。最后，社会的认可和鼓励也会激励学生奋斗。当社会对学生的努力和奋斗给予高度评价时，学生更容易受到鼓舞，也会更加坚持不懈地追求自己的目标。然而，当前一些负面的社会因素，如爱慕虚荣、贪图享受、急功近利等不良风气，很大程度上会对学生的奋斗精神培育产生消极影响。

第三节 基于ISM方法的学生奋斗精神培育 影响因素关系模型

目前，关于学生奋斗精神培育影响因素的相关研究多数仅停留在对影响因素的简单分类和定性分析等层面，缺乏对不同影响因素之间结构关系及关联特性的深入剖析。因此，为更加清晰地理解高职院校学生奋斗精神培育影响因素之间的内在关系，本节运用ISM方法这一系统化的建模技术对影响学生奋斗精神培育的各种因素进行层级分析，以便从诸多复杂的影响因素中判断制约学生奋斗精神培育的最直接影响因素、关键影响因素、基础性影响因素和深层次影响因素，最终为教育教学管理者开展学生奋斗精神培育实践提供借鉴和参考。

一、模型建立的基本思想

ISM方法由美国教授约翰·沃菲尔德（John Warfield）于1973年提出。该方法常被用来分析社会经济系统中的复杂问题，其主要特点是将复杂的系统分解为若干系统或者要素，并结合研究人员自身经验和计算机技术辅助，最终将复杂系统构造成一个多级递阶结构模型，进而使诸多复杂关联影响因素之间的作用关系能够更加层次化和简明化。ISM方法的具体步骤如下。

（一）图的矩阵表示法

1. 邻接矩阵 A

邻接矩阵是图的基本矩阵表示，它用来形象描述图中节点之间的抽象影响关系，从而揭示内部关联作用的运行结构及变化规律。当系统中有 n 个不同要素 P_1，P_2，……，P_n，则邻接矩阵 A 中的元素 a_{ij} 为：

$$A = [a_{ij}] \tag{4-1}$$

$$a_{ij} = \begin{cases} 1 \\ 0 \end{cases} \tag{4-2}$$

在式 4-2 中，当线段自 P_i 指向 P_j，即 P_i 对 P_j 有影响，则 $a_{ij}=1$，否则，$a_{ij}=0$。

2. 可达矩阵 R

可达矩阵是指用矩阵形式来描述有向连接图各节点之间经过一定长度的通路后可达到的程度。可达矩阵 R 的计算方法非常简便，可以通过邻接矩阵 A 直接加上单位矩阵 I（一个主对角线元素为 1，其余元素为 0 的方阵），然后再利用矩阵布尔运算求得。

（二）ISM 的建模步骤

1. 确定主要影响因素

设定某种必须考虑的二元影响关系，并得到主要影响因素集合，记为：

$$N = \left\{ e_i \middle| i = 1, 2, ..., n \right\} \tag{4-3}$$

在式 4-3 中，e_i 表示第 i 个系统要素。

2. 建立邻接矩阵

对系统要素集中的两两要素之间的二元关系进行判断并确定是

否存在直接影响，进而通过建立邻接矩阵来表示这种关系。

3.计算可达矩阵

计算公式如下：

$$(A+I) \neq (A+I)^2 \neq \cdots\cdots \neq (A+I)^k = (A+I)^{k+1} \ (k \leqslant n-1) \qquad (4-4)$$

$$R = (A+I)^k \qquad (4-5)$$

在式4-4和式4-5中，I是单位矩阵。

4.分解可达矩阵

在求得可达矩阵的基础上，将其逐级进行分解，按照 $R(e_i) \bigcap A(e_i) = R(e_i)$ 的原则求得交集，进而确定各层级 $L(i)$ 的元素集，最终建立递阶结构模型。

5.递阶结构层级分析

将所建立的解释结构模型与既有意识模型进行对比，若不符合，则需要对初始步骤中各要素间的二元关系进行重新修正，并重复模型相关计算，最终得到科学的分析结果。

二、模型的建立

（一）确定主要影响因素

根据学生奋斗精神培育影响因素辨识分析的相关结论，影响高职院校学生奋斗精神培育的因素包含自我认知、目标设定、人际关系、实践锻炼、教育质量、激励机制、榜样力量、校园文化、家庭教育、社会环境10个影响因素。运用ISM方法可以从学生奋斗精神培育的诸多影响因素中判断最直接影响因素、关键影响因素、基础性影响因素和深层次影响因素。为便于建模的一致性表述，本项目将以上10个影响因素分别用e_1，e_2，……，e_9，e_{10}表示，对应代表自我认知、目标设定、人际关系、实践锻炼、教育质量、激励机制、榜样力量、校园文化、家庭教育、社会环境，而e_0则表示学生奋斗精神培育的整体工作目标和建设成效，对应代表发展提升。

（二）建立邻接矩阵

结合制约学生奋斗精神培育影响因素的总体结构及内在关系的相关分析，按照式4-1和式4-2的要求，建立影响因素之间直接影响关系的邻接矩阵A：

$$A = \begin{array}{c} \\ e_0 \\ e_1 \\ e_2 \\ e_3 \\ e_4 \\ e_5 \\ e_6 \\ e_7 \\ e_8 \\ e_9 \\ e_{10} \end{array} \begin{bmatrix} e_0 & e_1 & e_2 & e_3 & e_4 & e_5 & e_6 & e_7 & e_8 & e_9 & e_{10} \\ 0 & 0 & 0 & 0 & 0 & 0 & 0 & 0 & 0 & 0 & 0 \\ 0 & 0 & 0 & 0 & 1 & 0 & 0 & 0 & 0 & 0 & 0 \\ 0 & 0 & 0 & 0 & 1 & 0 & 0 & 0 & 0 & 0 & 0 \\ 0 & 1 & 1 & 0 & 0 & 0 & 0 & 0 & 0 & 0 & 0 \\ 1 & 0 & 0 & 0 & 0 & 0 & 0 & 0 & 0 & 0 & 0 \\ 0 & 1 & 1 & 0 & 0 & 0 & 0 & 0 & 0 & 0 & 0 \\ 0 & 1 & 1 & 0 & 0 & 0 & 0 & 0 & 0 & 0 & 0 \\ 0 & 1 & 1 & 0 & 0 & 0 & 0 & 0 & 0 & 0 & 0 \\ 0 & 0 & 0 & 1 & 0 & 1 & 1 & 1 & 0 & 0 & 0 \\ 0 & 0 & 0 & 1 & 0 & 1 & 1 & 1 & 0 & 0 & 0 \\ 0 & 0 & 0 & 1 & 0 & 1 & 1 & 1 & 0 & 0 & 0 \end{bmatrix}$$

（三）计算可达矩阵

结合式4-4，通过运行Matlab软件有关矩阵运算的程序，对矩阵A计算可得：当$K=5$时，$(A+I)^4 \neq (A+I)^5 = (A+I)^6$，即学生奋斗精神培育影响因素的可达矩阵可以表示为$R = (A+I)^5$。

$$R = \begin{bmatrix}
 & e_0 & e_1 & e_2 & e_3 & e_4 & e_5 & e_6 & e_7 & e_8 & e_9 & e_{10} \\
e_0 & 1 & 0 & 0 & 0 & 0 & 0 & 0 & 0 & 0 & 0 & 0 \\
e_1 & 1 & 1 & 0 & 0 & 1 & 0 & 0 & 0 & 0 & 0 & 0 \\
e_2 & 1 & 0 & 1 & 0 & 1 & 0 & 0 & 0 & 0 & 0 & 0 \\
e_3 & 1 & 1 & 1 & 1 & 1 & 0 & 0 & 0 & 0 & 0 & 0 \\
e_4 & 1 & 0 & 0 & 0 & 1 & 0 & 0 & 0 & 0 & 0 & 0 \\
e_5 & 1 & 1 & 1 & 0 & 1 & 1 & 0 & 0 & 0 & 0 & 0 \\
e_6 & 1 & 1 & 1 & 0 & 1 & 0 & 1 & 0 & 0 & 0 & 0 \\
e_7 & 1 & 1 & 1 & 0 & 1 & 0 & 0 & 1 & 0 & 0 & 0 \\
e_8 & 1 & 1 & 1 & 1 & 1 & 1 & 1 & 1 & 1 & 0 & 0 \\
e_9 & 1 & 1 & 1 & 1 & 1 & 1 & 1 & 1 & 0 & 1 & 0 \\
e_{10} & 1 & 1 & 1 & 1 & 1 & 1 & 1 & 1 & 0 & 0 & 1 \\
\end{bmatrix}$$

（四）分解可达矩阵

对可达矩阵 R 进行分解，求可达集 $R(e_i)$、前因集 $A(e_i)$ 及可达集和前因集的交集 $R(e_i) \cap A(e_i)$，具体数据如表4-1所示。

表4-1 高职院校学生奋斗精神培育影响因素的第一级可达集和前因集

e_i	$R(e_i)$	$A(e_i)$	$R(e_i) \cap A(e_i)$
1	1	1、2、3、4、5、6、7、8、9、10、11	1
2	1、2、5	2、4、6、7、8、9、10、11	2
3	1、3、5	3、4、6、7、8、9、10、11	3
4	1、2、3、4、5	4、9、10、11	4
5	1、5	2、3、4、5、6、7、8、9、10、11	5
6	1、2、3、5、6	6、9、10、11	6

续表

e_i	$R(e_i)$	$A(e_i)$	$R(e_i) \cap A(e_i)$
7	1、2、3、5、7	7、9、10、11	7
8	1、2、3、5、8	8、9、10、11	8
9	1、2、3、4、5、6、7、8、9	9	9
10	1、2、3、4、5、6、7、8、10	10	10
11	1、2、3、4、5、6、7、8、11	11	11

由表4–1可知，$L(1)=\{1\}$，在可达矩阵R中去除第1行和第1列数据后，继续寻找第二级可达集和前因集，具体数据如表4–2所示。

表4–2　高职院校学生奋斗精神培育影响因素的
第二级可达集和前因集

e_i	$R(e_i)$	$A(e_i)$	$R(e_i) \cap A(e_i)$
2	2、5	2、4、6、7、8、9、10、11	2
3	3、5	3、4、6、7、8、9、10、11	3
4	2、3、4、5	4、9、10、11	4
5	5	2、3、4、5、6、7、8、9、10、11	5
6	2、3、5、6	6、9、10、11	6
7	2、3、5、7	7、9、10、11	7
8	2、3、5、8	8、9、10、11	8

e_i	$R(e_i)$	$A(e_i)$	$R(e_i) \cap A(e_i)$
9	2、3、4、5、6、7、8、9	9	9
10	2、3、4、5、6、7、8、10	10	10
11	2、3、4、5、6、7、8、11	11	11

由表4-2可知，$L(2)=\{5\}$，在可达矩阵 R 中去除第5行和第5列数据后，继续寻找第三级可达集和前因集，具体数据如表4-3所示。

表4-3　高职院校学生奋斗精神培育影响因素的第三级可达集和前因集

e_i	$R(e_i)$	$A(e_i)$	$R(e_i) \cap A(e_i)$
2	2	2、4、6、7、8、9、10、11	2
3	3	3、4、6、7、8、9、10、11	3
4	2、3、4	4、9、10、11	4
6	2、3、6	6、9、10、11	6
7	2、3、7	7、9、10、11	7
8	2、3、8	8、9、10、11	8
9	2、3、4、6、7、8、9	9	9
10	2、3、4、6、7、8、10	10	10
11	2、3、4、6、7、8、11	11	11

由表4-3可知，$L(3)=\{2, 3\}$，在可达矩阵R中去除第2、3行和第2、3列数据后，继续寻找第四级可达集和前因集，具体数据如表4-4所示。

表4-4　高职院校学生奋斗精神培育影响因素的
第四级可达集和前因集

e_i	$R(e_i)$	$A(e_i)$	$R(e_i) \cap A(e_i)$
4	4	4、9、10、11	4
6	6	6、9、10、11	6
7	7	7、9、10、11	7
8	8	8、9、10、11	8
9	4、6、7、8、9	9	9
10	4、6、7、8、10	10	10
11	4、6、7、8、11	11	11

由表4-4可知，$L(4)=\{4, 6, 7, 8\}$，在可达矩阵中去除第4、6、7、8行和第4、6、7、8列数据后，继续寻找第五级可达集和前因集，具体数据如表4-5所示。

表4-5　高职院校学生奋斗精神培育影响因素的
第五级可达集和前因集

e_i	$R(e_i)$	$A(e_i)$	$R(e_i) \cap A(e_i)$
9	9	9	9
10	10	10	10
11	11	11	11

由表4-5可知，$L(5) = \{9, 10, 11\}$。

三、模型的结果分析

基于上述分析，建立高职院校学生奋斗精神培育影响因素的拓扑结构，如图4-3所示。同时，将各要素e_i替换为所对应的影响因素，即可建立高职院校学生奋斗精神培育影响因素的解释结构模型，如图4-4所示。

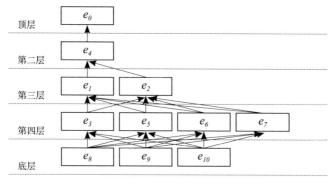

图 4-3　高职院校学生奋斗精神培育影响因素的拓扑结构图

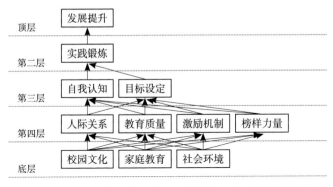

图 4-4 高职院校学生奋斗精神培育影响因素的解释结构模型

从图4-4可以看出，解释结构模型将高职院校学生奋斗精神培育的影响因素分为五个层次。具体分析如下。

第一层：即顶层，体现学生奋斗精神培育的整体工作目标和建设成效，这是学生奋斗精神培育的核心要求。

第二层：影响因素为实践锻炼，这是影响高职院校学生奋斗精神培育的最直接因素，充分体现了马克思主义经典作家将实践作为实现目标重要途径的思想观点。实践锻炼是学生亲自参与、直接体验的活动，与奋斗精神的培育有着直接密切的联系。通过实际行动，学生能够更真切地感受到努力和付出所带来的成果。同时，实践锻炼通常能够提供即时性的反馈，这能够让学生迅速了解自己的努力是否取得了成效，有助于激发学生的积极性和奋斗动力。就高职院校学生而言，实践锻炼体现了职业教育对人才培养的目标要求，是高素质技术技能型人才培养的必然路径，对于学生奋斗精神培育具有重要且独特的作用。实践锻炼有助于学生更好地将理论与实际相结合，更加全面了解市场发展和行业需求，熟练掌握所学专业的技术技能，培养良好的职业道德、团队合作能力和工匠精神，不断增强解决实际问题的能力和创新思维，为未来的职业发展奠定坚实基础。

第三层：影响因素包括自我认知和目标设定，它们在学生奋斗精神培育的整体影响因素层级中处于中间位置，是学生奋斗精神培育的关键影响因素，体现了学生奋斗精神培育的价值观内化和主体意识外化。首先，自我认知使学生深入了解自身的特点、兴趣和能力，找到自身优势和不足，从而坚定正确的奋斗观，明确努力奋斗的方向。其次，目标设定为学生提供了具体的奋斗目标，给予他们前进的动力，明确、可行的目标能够有效激发学生的内在奋斗动力和热情。这两个因素相互配合，共同推动学生在实现奋斗目标的过程中，充满信心地迎接各种挑战，持续培育坚韧不拔的奋斗精神。

第四层：影响因素包括人际关系、教育质量、激励机制和榜样力量，它们在学生奋斗精神培育的整体影响因素层级中处于次底层位置，是学生奋斗精神培育的基础性影响因素，为学生奋斗精神培育提供必要的支持和引导。首先，友善和谐的人际关系能让学生感受到教师的关心和支持、同学间的团结和温暖，增强学生学习的热情和信心，进而激发其奋斗的动力。其次，高质量的教育为学生奠定坚实的知识和技能基础，使学生在奋斗中更加明确未来的发展目标和方向。再次，适度有效的激励机制能充分调动学生的积极性，促使学生更加努力地追求进步和成功。最后，榜样具有示范引领作用，能够引导学生学习榜样的优良品质，不断激发其内心的奋斗精神。这四个因素相互协同，共同构建了积极向上的教育环境，为学生的奋斗精神培育发挥了重要的保障作用。

第五层：影响因素包括校园文化、家庭教育和社会环境，它们在学生奋斗精神培育的整体影响因素层级中处于底层位置，是学生奋斗精神培育的深层次影响因素。首先，在校园文化建设中，通过大力弘扬新时代奋斗精神，营造积极向上的校园文化氛围，教育引导学生树立正确的奋斗观，努力培养学生的社会责任感、劳模精神和工匠精神，不断激发学生的奋斗热情。其次，在家庭教育中，家长的言传身教和价值观传递，会潜移默化地影响学生的奋斗观塑造和奋斗行为养成。最后，社会环境为学生的奋斗拼搏提供了广阔的舞台，从社会核心价值观、社会经济发展、社会文化思潮等多方面影响着学生奋斗精神的培育。这三个因素相互交织，共同塑造学生的奋斗观和奋斗行为，在更深层次影响学生的世界观、人生观和价值观的形成，对学生奋斗精神的培育产生深远而持久的影响。

第四节　本章小结

本章在新时代高职院校学生奋斗精神培育现状分析的基础上，对学生奋斗精神影响因素进行了辨识，并对影响因素之间的层级关系做了深入分析。首先，明确了学生奋斗精神培育影响因素辨识的原则与方法。其次，从外部和内部两个层面将制约学生奋斗精神培育的影响因素划分为自我认知、目标设定、人际关系、实践锻炼、教育质量、激励机制、榜样力量、校园文化、家庭教育、社会环境10个方面。最后，建立了基于ISM方法的高职院校学生奋斗精神培育影响因素的关系模型，并运用该模型对影响学生奋斗精神培育的因素进行递阶层次分析。研究结论有助于进一步理解学生奋斗精神培育的影响因素来源、类型和作用关系，对后续项目的研究具有重要意义。

第五章

新时代高职院校学生奋斗精神培育的
形成机制分析

本章在高职院校学生奋斗精神培育影响因素辨识研究的基础上，进一步深入探讨学生奋斗精神培育形成机制的内外耦合与旋进上升的复杂作用关系。通过综合运用多种心理学理论知识，尝试构建高职院校学生奋斗精神培育形成机制的理论模型，深入剖析其运行机制和关联关系，以期为高职院校的教育实践提供有价值的参考，助力学生奋斗精神培育效果的提升。

第一节　学生奋斗精神培育形成机制的理论模型

从心理学角度分析，奋斗精神本质上是一种复杂的心理状态，其培育过程是内外因素相互作用、相互促进的动态变化过程。因此，为了深入研究这一复杂的心理现象，科学构建奋斗精神培育形成机制的理论模型，本节结合项目研究定位，将自我决定理论、社会认知理论、成就目标理论、自我效能感理论、期望价值理论和心理弹性理论等相关心理学理论与奋斗精神培育形成机制的研究相结合，系统分析学生奋斗精神培育的形成过程，创新构建学生奋斗精神培育形成机制的理论模型，清晰描绘奋斗精神在学生成长中的发展轨迹，为深入理解奋斗精神培育的形成机制提供理论支撑，为高职院校的教育实践提供参考和指导。

一、心理学相关理论的适用性分析

为了更好地理解奋斗精神培育形成机制的复杂性和动态性，丰富学生奋斗精神培育的理论研究，尝试引入心理学的自我决定理论、社会认知理论、成就目标理论、自我效能感理论、期望价值理论和心理弹性理论，这些理论为深入分析学生内部动机、环境影响、目标设定、自我效能感及抗挫能力等因素在奋斗精神培育过程中的作用提供了崭新视角。

自我决定理论由美国心理学家爱德华·德西（Edward Deci）和理查德·瑞安（Richard Ryan）等人于20世纪80年代中期提出。该理论以基本心理需求为核心，系统地阐释了人类行为的动机，被广泛应用于教育、体育、管理和消费行为等领域。它强调动机的连续性，指出个体的内在动机是驱动行为的关键因素。在学生奋斗精神培育的过程中，当学生出于对知识的热爱、自身成长和未来发展的考虑时，他们更容易展现出坚持不懈的奋斗精神。与此同时，教师和家长通过为学生提供更多自主选择的机会，使学生有机会参与个人发展决策，有助于激发学生的内在奋斗动力，培养他们的责任感和奋斗精神。

社会认知理论由阿尔伯特·班杜拉（Albert Bandura）提出，该理论认为，儿童通过观察生活中重要人物的行为来学习社会行为，这些观察以心理表象或其他符号表征的形式存储在大脑中，帮助他们进行行为模仿。该理论在一定程度上接受了行为主义理论的原理，同时更注重线索对行为和内在心理过程的影响，更加强调了环境与个体的相互作用。学生奋斗精神的培育过程也是学生与环境之间相互作用的过程，教育者通过提供适当的榜样示范、培养学生的自我效能感、明确设定目标和发展规划、给予及时的反馈和评价，以及创造支持性的外部环境等方式，能更好地激发学生坚韧不拔的奋斗精神。

成就目标理论源于成就动机理论，由亨利·默里（Henry Murray）于1938年提出，1953年戴维·麦克利兰（David McClelland）和约翰·威廉·阿特金森（John William Atkinson）进一步将成就动机定义为在某种优胜标准中对成功的关注。该理论认为，成就目标的定向差异会直接影响学生在学习活动中的动机模式，更加强调关注个体在追求成就时的目标取向。在学生奋斗精神的培育过程中，应引导学生树立正确的目标取向，适度关注与他人比较结果的表现目标，帮助学生主动参与学习计划和目标的制订。同时，要及时给予学生具体的反馈和积极的评价，创造有利于学生自主学习和积极成长的良好环境，努力培养学生的独立思考能力和奋斗精神。

自我效能感理论是阿尔伯特·班杜拉（Albert Bandura）提出的一种社会学习理论，是指个体对自身能否完成某一行为的推测和判断。自我效能感对人们的行为选择、努力程度及面对困难时的态度都有着重要影响。一般来说，自我效能感较高的人更倾向于积极应对挑战，坚信自己能够成功并为此付出更多的努力；而自我效能感较低的人可能会回避挑战，对自己的能力信心不足，并容易产生焦虑和挫败感。在学生奋斗精神的培育过程中，当学生吸取他人的成功经验，在奋斗实践中获得成功，得到老师、家长或同学的鼓励与支持，以及在和谐的人际关系中产生积极情绪时，学生的自我效能感将会得到有效提升，会更有信心和动力去追求更高的目标，进而实现奋斗精神的不断提升。

期望价值理论产生于20世纪60年代，由美国心理学家维克托·弗鲁姆（Victor H. Vroom）提出。该理论强调个体对行为结果的期望和该结果对个体的价值会影响个体的动机和行为。培育学生的奋斗精神，需要让学生对奋斗的结果有积极的期望，并认识到奋斗所带来的价值。可以通过帮助学生设定明确、可行的目标，让他们相信通过努力可以达成目标，进而让学生明白奋斗所带来的个人成长、成就感等方面的价值，增强学生的信心和动力。

心理弹性理论由安东尼（Anthony）提出，是指主体对外界变化了的环境的心理及行为上的反应状态，这种状态是一种具有伸缩空间的动态形式，会随着环境的变化而变化，并在变化中达到对环境的动态调控和适应。该理论强调个体在面对挫折和困难时的适应能力。在学生奋斗精神的培育过程中，具备较高心理弹性的学生能够在奋斗实践中战胜困难、迎接挑战，从暂时的失败中汲取经验教训，迅速调整自己的心态和行为，这将有助于他们继续努力。与此同时，良好的社会支持系统及学生综合能力的提高，都可以有效增强学生的心理弹性，帮助学生在面对困难和挫折时保持积极的态度和坚定的信念。

综上所述，这些心理学理论在分析学生奋斗精神培育的形成机制方面具有很好的适用性，契合了奋斗精神培育形成机制的客观性，从多个层面深入探讨了学生的内在动机、环境影响、目标设定、自我效能及适应能力等关键影响因素，与第四章关于学生奋斗精神培育影响因素辨识的研究相互呼应，为进一步深入探讨学生奋斗精神培育的多元成因与运行机制提供了坚实的理论支撑。

二、奋斗精神培育形成机制的理论模型构建

为了系统地阐释奋斗精神培育的形成机制，在心理学相关理论适应性分析的基础上，首次构建学生奋斗精神培育形成机制的理论模型，直观展示学生奋斗精神在内部和外部多重复杂因素影响下的培育过程和复杂机制。

基于前述研究结果，自我决定理论、社会认知理论、成就目标理论、自我效能感理论、期望价值理论及心理弹性理论的应用，突出了学生奋斗精神培育的具体表现，呈现了影响学生奋斗精神培育形成的因素及其逻辑关系。借助相关理论启示，尝试构建学生奋斗精神培育的形成机制模型。该模型以学生奋斗精神培育为核心，将直接影响学生奋斗精神培育的内部影响因素，如自我认知、目标设定、人际关系、实践锻炼及其相互关系等归为内部形成机制；将间接影响学生奋斗精神培育的外部环境因素，如教育质量、激励机制、榜样力量、校园文化、家庭教育、社会环境及其与奋斗行为之间的互动作用等归为外部形成机制；以内部影响、外部作用和内外联结的相互作用关系为基础，构建学生奋斗精神培育的内外耦合形成机制（如图5-1所示）。

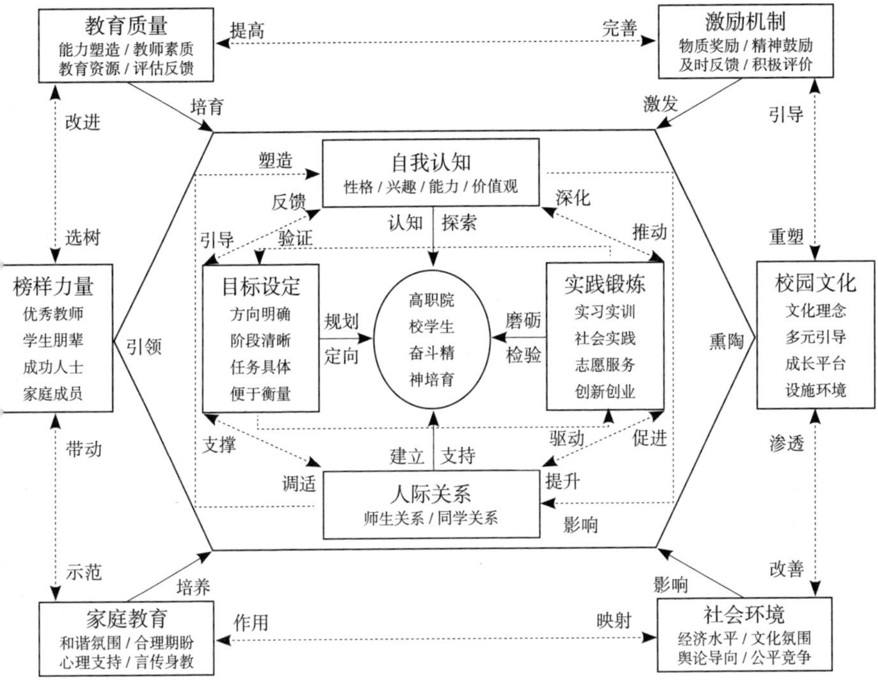

图 5-1　高职院校学生奋斗精神培育形成机制的理论模型

第二节　学生奋斗精神培育的形成机制分析

分析学生奋斗精神培育的形成机制对于高职院校学生的成长和发展具有关键作用。本节在学生奋斗精神培育形成机制理论模型构建的基础上，深入研究了内部和外部因素与学生奋斗精神培育之间的相互关系，全面揭示了奋斗精神培育的内部形成机制、外部形成机制及内外耦合形成机制，旨在提高学生奋斗精神培育研究的科学化水平。

一、内部形成机制分析

内部形成机制是指由自我认知、目标设定、人际关系和实践锻炼等因素相互作用所构成的运行模式，是高职院校学生奋斗精神培育的内在逻辑和内生动力。借助认知心理学、社会心理学等相关理论知识，从"知—情—意—行"的角度及其相互关系来进一步理解高职院校学生奋斗精神培育的内部形成机制。

"知—情—意—行"是用于描述人类心理活动四种基本形式的概念，其中，"知"即认知、观念，涵盖感知觉、意识和注意、记忆、思维等方面，是一个逐步上升和整合的过程。"情"代表情绪、情感，由独特的主观体验、外部表现和生理唤醒三种成分组成。"意"指的是意志，是人对于自身行为关系的主观反映。"行"则指行为，是个体外在可观察的结果。从认知心理学的角度来看，"知—情—意—行"与人的决策过程和认知偏差密切相关，人们获取信息的途径和方式会影响其决策，同时人们的决策可能会受到某些认知偏差的影响，导致其在知情和行为之间存在一定差距。从社会心理学的角度来看，"知—情—意—行"与社交影响和情感态度紧密相连，个人的行为和选择可能会受到周围人的影响，而个人对某一事物或行为的情感反应，也可能会影响其行为和选择。从发展心理学的角度来看，"知—情—意—行"与个体年龄和心理成熟度密切相关，由于年龄和生活阅历的不同，人们在知情和行为方面可能会存在不同的认知和情感偏差。此外，心理成熟度的差异也可能影响个体的知情和行为表现。因此，"知—情—意—行"相互作用、相互影响，共同构成了人类心理活动的基本过程。

　　基于以上分析，将高职院校学生奋斗精神培育的内部形成机制按照"知—情—意—行"的相互关系进行划分。具体来说，自我认知是奋斗精神产生和发展的基础，目标设定是将自我认知转化为行动的动力，人际关系对奋斗精神的形成有着重要影响，而实践锻炼则是将奋斗精神付诸实践的直接体现。在学生奋斗精神培育的形成过程中，自我认知（知）、人际关系（情）、目标设定（意）和实践锻炼（行）这四个方面相互作用、相互影响，共同构成了学生奋斗精神培育形成机制的复杂过程。具体而言，在与周围环境的互动中，学生逐渐形成对自身性格、兴趣、能力和价值观的认知，经过思考和整理，建立了方向明确、阶段清晰、任务具体及便于衡量的自身奋斗目标，并在日常师生互动、同学相处的人际交往中不断调整和完善。不同的情境会引发学生不同的情感体验，进而反馈于他们的意志和行动；而坚定的意志又会反过来强化积极的情感，促使学生更加明确自己的认知和目标，从而驱动学生的实践锻炼行为，使其在实践中不断得到锻炼和提升。学生通过实习实训、社会实践、志愿服务及创新创业等不同形式的实践锻炼，将奋斗精神转化为实际行动，并在行动中进一步验证对自我、目标、人际关系的理解。这种内部循环过程促使学生不断整合认知、深化情感、坚定意志和笃行实践，进而形成更加坚定的奋斗精神。

二、外部形成机制分析

外部形成机制是由教育质量、激励机制、榜样力量、校园文化、家庭教育、社会环境等外部因素相互作用构成的运行模式，为高职院校学生奋斗精神的培育提供了坚实基础和动力支持。在借助社会认知理论、自我效能感理论、期望价值理论等相关理论知识的基础上，深入分析阐述高职院校学生奋斗精神培育的内在逻辑。

奋斗精神作为一种意识存在，其形成和培育涉及内部因素、外部因素和内外耦合作用三个方面。除内部因素外，学生个体所受影响皆属于外部因素作用，而外部因素不同程度地影响学生奋斗精神的培育。社会认知理论强调环境对个体行为的影响，学生通过观察和模仿他人，来习得奋斗的行为模式和价值观。自我效能感理论关注个体对自身能力的信念，高自我效能感的学生更有信心面对挑战，坚持追求目标。而期望价值理论指出，学生对目标的期望和价值认知影响其动机和努力程度，良好的外部环境使学生相信奋斗可获得有价值的结果。这三种理论相互补充，为分析学生奋斗精神培育的外部形成机制提供全新视角，有助于理解学生在社会环境中如何获取信息、坚定信念，并基于对目标的期望和价值判断激发奋斗动力。因此，把握这三种理论的核心要义，能更深入了解学生奋斗精神培育的外部形成机制，为有效的教育干预提供理论依据。

基于以上分析，将高职院校学生奋斗精神培育的外部形成机制从三个方面进行具体阐述。

首先，从外部因素的整体运行机制来看，校园环境、家庭环境和社会环境在共同作用下，实现对学生个体内部思维的影响，进而接受个体反作用。如学校通过提高教学质量、建立激励机制、树立榜样等方式，营造积极向上的校园文化氛围，激发学生的奋斗意识；同时，家庭教育和社会环境也起到重要的辅助作用，家庭的教育方式和社会的价值观念都会影响学生的奋斗目标和动力。学生在这样的环境中，逐渐形成自己的奋斗目标和价值观，并通过不断努力和实践，实现自我价值。

其次，从外部因素的功能发挥而言，高质量的学校教育可以提高学生的知识和技能水平，提高教师的能力素质，提供优质丰富的教育资源，实施有效的教育评估和反馈机制，从而增强高职院校学生的自我效能感，激发学生的内生动力，使其努力学习和拼搏奋斗。通过物质奖励、精神鼓励、及时反馈和积极评价等适当的方式，可以有效激发学生的内在动力，提高他们的自我效能感。当受到奖励或认可时，学生会感到自己的努力得到了回报，从而更有信心去追求更高的目标。通过选树多种类型的先进榜样，向学生提供效仿目标，为学生奋斗精神培育进行示范和引导，从而增强学生的自我效能感和奋斗动力。积极的校园文化可以营造一种弘扬奋斗、鼓励拼搏的氛围，学生在这样的环境中能够接受正向文化理念的熏陶，获得更多的展示机会和成长平台，更容易感受到自己的价值和能力，从而更加努力地追求进步。和谐的家庭氛围、合理的发展期盼、坚定的心理支持及家长的言传身教能够帮助学生树立正确的奋斗目标和价值观，有效培养学生树立良好的自信心，让他们相信自己有能力克服困难并取得成功。经济发展水平良好、支持和鼓励奋斗的社会环境可以为学生提供更多的机会和资源，影响学生对奋斗结果的期望和价值认知，社会对奋斗精神的认可和推崇会激励学生更加努力地拼搏。

最后，从外部因素的关联层次结构来看，校园环境、家庭环境和社会环境三者相互交织，对学生的奋斗行为产生直接和间接的影响，并且学生的奋斗行为也会对这些环境产生相应反馈。在校园环境与家庭环境的关系中，校园环境为学生提供了学习和成长的场所，家庭环境则在情感和价值观方面对学生产生影响，两者相互配合，共同促进学生奋斗精神的培育。在校园环境和社会环境的关系中，学校教育要与社会发展相适应，培养适应社会需求的技术技能人才；而社会环境也会对学校教育产生影响，如社会舆论对学校的影响等。在家庭环境与社会环境的关系中，家庭教育要符合社会主流价值观，培养具有社会责任感的合格公民。同时，学生的奋斗行为也会在社会中得到体现和评价，学生的奋斗行为不仅会影响个人的发展，也会对校园环境、家庭环境和社会环境产生反馈作用，如学生的优秀表现会提升学校的声誉、影响家庭的教育方式，以及对社会产生积极的影响，等等。

三、内外耦合形成机制分析

内外耦合形成机制是指由内部因素和外部因素之间相互作用、相互影响关系构成的运作模式，通过内部驱动和外部激励的协同配合，在高职院校学生奋斗精神培育中发挥着关键的联结效用和枢纽效能。借助自我决定理论、成就目标理论、心理弹性理论等心理学理论知识原理分析，可以发现外部环境和内部因素的相互作用形成了一个动态且相互影响的系统。外部因素的输入为学生提供了有利条件和支持，内部因素的加工过程使学生能够充分发挥自身的主观能动性，而最终的输出结果则是学生奋斗精神培育的具体实践和成果展现。基于上述分析，围绕高职院校学生奋斗精神培育的内外耦合形成机制可以从输入、处理和输出三个方面来进行分析。

首先，输入对高职院校学生奋斗精神培育具有重要影响。学生所处的外部环境包含多个影响因素，如教育质量、校园文化、家庭教育及社会环境等，这些因素作为信息和资源的输入，对学生的成长和发展起着关键作用。良好的教育质量为学生提供扎实的知识和技能基础，使其在未来的职业领域更具竞争力。积极的校园文化能培养学生的团队合作能力、创新意识和社会责任感，为未来发展奠定良好基础。家庭的支持和社会的认可给予学生情感鼓励和奋进动力，使其更有信心迎接挑战。

其次，处理是高职院校学生奋斗精神培育的关键环节。学生自身的内部因素，如自我认知、目标设定、人际关系等，影响在接收到外部信息后进行的处理和解读，决定了学生如何理解和应对外部影响，并将其转化为实际的奋斗动力和实践行动。学生通过设定明确目标、规划发展路径、提升自我认知，能够更好地认识自己的优势和不足，从而做出科学合理的决策、保持积极的情感态度和坚强的意志品质，使其在追求目标的过程中能够克服种种困难。

最后，输出是高职院校学生奋斗精神培育的综合体现。学生在对内、外部因素进行处理后，展现出具体的奋斗行为和实践成果。这一阶段不仅反映了学生的奋斗精神，还对外部环境和内部因素产生反作用。具体而言，奋斗行为包括积极的学习态度、主动参与实践活动、努力提升职业技能等，这些行为不仅有助于学生个人的成长和发展，还对整个校园文化氛围产生积极影响，激励更多的学生不断进取。同时，奋斗成果还体现在学业成绩的提高、专业技能的提升、获得相关证书或荣誉等方面，为学生未来职业发展打下坚实基础，增强他们的自信心和成就感。

总而言之，内外耦合形成机制是一个复杂而又紧密相连的过程，通过合理输入、有效处理和积极输出，高职院校学生的奋斗精神得以激发和培育，为其未来发展奠定坚实的基础。

第三节　学生奋斗精神培育形成机制的关联分析

本节在学生奋斗精神培育形成机制分析的基础上，进一步探讨内部形成机制、外部形成机制及内外耦合形成机制之间的运行顺序和关联关系，对全面揭示和深刻理解学生奋斗精神培育形成机制具有重要的理论借鉴和实际参考意义。

一、机制间的运行顺序分析

在高职院校学生奋斗精神的培育过程中，内部形成机制、外部形成机制和内外耦合形成机制共同构成了一个复杂的"激发—支撑—推进"系统。内部形成机制通过个人目标的引导和自身动力的推动，持续激发学生内心的奋斗动力，指引前进方向；外部形成机制借助学校、家庭、社会等外部环境的影响，为学生的奋斗提供了必要的条件和支持；而内外耦合形成机制则将内部形成机制和外部形成机制相联结，将内部的动力和目标与外部的环境和资源有机结合，共同推进学生奋斗精神的培育。这三个机制按照"内部—内外耦合—外部—内外耦合—内部"的顺序形成了一个循环递进、螺旋式上升的闭环运行周期，客观反映了学生奋斗精神培育的内在逻辑和现实过程。

从理论逻辑角度而言，三个机制相互依存、相互促进，共同推动学生奋斗精神的培育和提升。在学生个人目标的引导和自身动力的推动下，内部形成机制的作用通过奋斗行为得以展现，实现了内部心理结构的调整与优化，完成了内部形成机制在内外耦合机制作用下向外部形成机制的转化。奋斗实践行为的结果又通过外部反馈影响内部心理，对内部形成机制产生影响，改变学生当前的心理状态。这种影响使得内部形成机制发生变化，实现对内部形成机制通过内外耦合机制的内向输入，引发新一轮以奋斗实践为体现、内部心理调整后的个体奋斗行为的变化。这一过程体现了学生奋斗精神源于内部动力并受外部影响，三大机制循环递进，按照由内而外再到内的理论逻辑顺序运行。

从现实逻辑角度而言，首先，内部形成机制是奋斗精神培育的起点。学生根据自身内部因素，结合自身实际和主观意愿，选择并确立奋斗的目标和方向，进而产生奋斗的行为。其次，内外耦合形成机制将内部形成机制和外部形成机制相结合。学生在外部环境的影响下，通过持续努力将内部的奋斗目标和动力与外部的资源和条件相融合，并将其应用于实际学习生活之中，实现个人的成长和发展，进一步增强学生的奋斗意志。这一阶段，学生的奋斗行为实现了内部心理与外部环境的双向连接，学生通过参与知识学习、社会实践和技能提升等活动，引发自身思想和情感的变化，进而调整自己的行为以更好地适应外部环境的变化。随后，外部形成机制开始发挥作用，家庭、学校和社会等外部因素对学生的奋斗精神产生影响，为学生奋斗精神培育提供支持和激励。再次，内外耦合形成机制再次发挥作用，将外部形成机制的影响内化到学生的内心世界，学生在学习和实践中通过克服困难和挫折不断提升个人能力和技能水平，进一步巩固和强化学生的奋斗精神。最后，内部形成机制发挥作用，学生在内外影响因素共同作用下，将奋斗精神的培育转化为实际的奋斗实践，持续深化其对奋斗的认知和意志品质。综上所述，这一完整过程体现了高职院校学生奋斗精神的培育以内部形成机制和外部形成机制为基础，以内外耦合形成机制为纽带的现实运行逻辑。

二、机制间的作用关系分析

在高职院校学生奋斗精神的培育过程中，内部形成机制、外部形成机制和内外耦合形成机制相互协作、共同作用，发挥着独特的功能、扮演着独特的角色。

内部形成机制作为外部形成机制和内外耦合形成机制的动力来源，为两者提供明确的目标和具体的要求。内部形成机制由奋斗认知、奋斗情感和奋斗意志等方面组成，它在接受外部形成机制所提供的资源和环境信息的同时，会依据学生个体的实际需求，对外部环境做出针对性的反馈，对奋斗精神的实践行为起到了导向性作用。这种针对性的作用使得奋斗精神能够在实践行为中得到明确的引导，让学生更加清楚地知道如何将奋斗精神运用到实际行动中。通过内部形成机制的导向作用，学生能够更好地理解奋斗的意义和价值，从而更加坚定地朝着目标努力奋斗。同时，内部形成机制还能够激发学生的内在动力和积极性，使他们在奋斗的道路上不断前进，克服困难，实现自己的梦想和目标。

外部形成机制则是内部形成机制和内外耦合培育机制的推动力量，为两者提供坚实的保障和稳固的基础。外部形成机制中的学校、家庭和社会环境为奋斗实践提供必要的物质条件，学生在奋斗实践过程中，从外部环境获取丰富的资源和有用的信息，并利用外部资源来助力自己的奋斗，进而促使外部环境得到改善。学校作为学生成长的重要场所，通过教育教学、文化熏陶等多种方式，为学生提供知识技能、思想道德等方面的课程，为奋斗实践奠定了坚实的基础。家庭是学生最早接触的社会环境，教育方式、家庭氛围等对学生的奋斗精神培养有着深远的影响。社会环境则为学生提供更广阔的发展空间和更多的实践机会，社会的认可和支持也能够激励学生不断奋斗。学生在从外部环境中获取资源和信息的过程中，也能够将自己的奋斗成果反馈给外部环境，为外部环境的改善和发展注入新的活力。

内外耦合形成机制扮演着内部形成机制和外部形成机制之间的协同保障角色，为两者的有效运行提供平台和载体。内外耦合形成机制如同桥梁一般连接着内部形成机制和外部形成机制，发挥着重要的中介传递功能。学生奋斗实践作为奋斗精神培育成效的核心展示要素，直接影响着学生个体的心理变化，并对外部环境的改善产生积极影响。引导和加强学生奋斗实践，促进学生奋斗精神的外化展示，是内外耦合形成机制发挥作用的重要体现。内外耦合形成机制可以为学生提供更多的实践机会和平台，让他们在实践中锻炼和提升自己的奋斗能力。通过参与各种实践活动，学生可以将内部形成的奋斗精神转化为实际行动，展示自己的奋斗成果。这种外化展示不仅能够增强学生的自信心和成就感，还可以激励他们更加坚定地追求自己的目标。同时，内外耦合形成机制还可以促进学生与外部环境的互动交流，使学生更好地了解社会需求和发展趋势，优化自己的奋斗方向和发展策略。

总体来看，高职院校学生奋斗精神的培育是由外部形成机制、内部形成机制和内外耦合形成机制共同构成的一个有机整体，它们之间相互协作、紧密配合。内部形成机制的积极反馈是推动发展的核心动力和目标方向，内部形成机制的提升有助于学生自身奋斗认知、情感和意志等方面的培养，对于激发他们的内在动力和积极性起着关键作用。外部形成机制的有力支持是确保整体机制运行的重要前提和坚实基础，外部形成机制有助于整合发挥学校、家庭和社会等外部环境带来的资源和条件优势，对于激发学生的奋斗热情和潜力具有重要作用。而内外耦合形成机制的实际效果则是产生变化的关键因素和条件保障，内外耦合形成机制的强化有助于将内部和外部因素有机结合，使学生在实践中更好地将奋斗精神转化为实际行动。因此，只有当这三个机制各自充分发挥作用并实现协同联动时，才能更加高效地推动高职院校学生奋斗精神的培育工作，使学生成长为符合新时代经济社会发展需要的高素质技术技能人才。

第四节　本章小结

本章在高职院校学生奋斗精神培育影响因素辨识研究的基础上，基于心理学相关理论知识，构建了学生奋斗精神培育形成机制的理论模型，深入分析了学生奋斗精神培育的内部形成机制、外部形成机制及内外耦合形成机制，以及三者之间的关联关系。首先，基于自我决定理论、社会认知理论等心理学理论知识，以内部影响、外部作用和内外联结的相互作用关系为基础，系统构建了学生奋斗精神培育形成机制的理论模型。其次，从"知—情—意—行"的角度分析了学生奋斗精神培育的内部形成机制，从整体运行机制、功能要素发挥及关联层次结构三个方面分析了外部形成机制，按照"输入—处理—输出"逻辑分析了内外耦合形成机制。最后，分析提出了三大机制"内部—内外耦合—外部—内外耦合—内部"的运行顺序，以及相互协作、共同作用的关系，为进一步提升学生奋斗精神培育研究的科学化水平提供重要保证。

第六章

新时代高职院校学生奋斗精神培育的
实施路径分析

本章在学生奋斗精神培育形成机制分析的基础上，聚焦个人、学校、家庭和社会四个维度的奋斗精神培育主体，遵循"积极心理驱动奋斗、全面发展促进奋斗、参与互动浸润奋斗、行动引导激发奋斗"的内在逻辑，分别借助积极心理学理论、人的全面发展理论、参与理论及社会行动理论，深入探索高职院校学生奋斗精神培育的具体路径，为高职院校教育改革提供有益参考。

第一节　个人层面：基于积极心理学理论的学生奋斗精神培育路径

从个人层面出发，基于积极心理学理论开展学生奋斗精神培育路径的研究具有较强的适用性。该理论为理解学生积极情绪、人格特质和幸福感提供了理论框架，对如何营造积极的环境，以及培养学生的内在动力具有重要的指导意义。运用积极心理学的原理和方法，有助于构建积极向上的教育环境，更有针对性地培育学生的奋斗精神，激发学生潜能，推动其实现个人成长、成才和成功。

一、积极心理学理论概述

积极心理学是20世纪末兴起的一门心理学分支，由马丁·塞利格曼（Martin E. P. Seligman）、埃德·迪纳（Ed Diener）等心理学家提出并推动。该理论主要强调对人类积极方面的研究，其产生是对传统心理学主要关注消极问题的一种回应。积极心理学通过对个体的喜悦、感恩和满足等积极情绪的关注，分析积极情绪的产生机制，发现和培养个体的积极力量，培养和增强个体的积极情绪体验，从而更好地促进个体的幸福和心理健康。同时，积极心理学也关注积极的人格特质，如乐观、自信、善良等因素，分析这些特质与个体成功、适应能力和幸福感之间的关系，帮助个体更好地应对生活中的困难和挑战。

积极心理学的应用范围非常广泛，涉及教育、组织管理、临床与心理咨询、健康与养生等多个领域。在教育领域，积极心理学强调培养学生的积极心态、情绪管理能力和心理韧性，从而促进学生的全面发展。通过教育干预和课程设计，引导学生培养积极情绪、设定目标并建立积极的人际关系。有研究表明，积极心理学的教育干预，可以提高学生的学习动力和学业成绩，培养他们的积极心态和情绪管理能力。在组织管理领域，积极心理学的理念被应用于营造积极的工作环境，提高员工的工作投入度和绩效。领导者通过鼓励、认可和奖励，不断激发员工的积极性和创造力。有研究表明，积极的工作环境能够提升员工的工作满意度和工作效率，进而提高组织管理的绩效水平。

总体而言，积极心理学理论不仅仅是对消极问题的修复，更是对个体和社会积极发展的关注和促进，为更好利用自身的积极品质以促进个体的发展和提升提供了全新的研究视角。积极心理学的研究和应用有助于人们更好地认识和发展自身的积极力量，提高生活质量和幸福感，促进社会的进步与发展。

二、积极心理学理论与奋斗精神培育的关系

积极心理学强调关注个体的积极品质和力量，与学生奋斗精神的培育之间存在密切关系。在学生个人层面，通过运用积极心理学理论，可以更好地理解学生的心理需求和内在动力，寻求激发学生奋斗精神的有效途径。

首先，积极心理学强调关注个体积极情绪和心态对行为的影响。奋斗精神的培育需要学生具备积极的情绪和心态，如积极乐观、坚韧不拔等。积极心理学认为，这些积极情绪能够有效激发学生的内在动力和积极性，不断提升学生个体的思维和行动能力，使学生充满信心地迎接挑战并坚持不懈地追求目标。在学生奋斗精神的培育过程中，通过运用积极心理学理论，为学生提供适应困难和追求目标的心理工具，进而深入了解如何培养学生的积极情绪。

其次，积极心理学强调关注个体积极人格特质的发展。相关研究表明，坚持、责任和毅力等关键人格特质与奋斗精神的培育密切相关。积极心理学认为，通过培养和锻炼这些积极人格特质，学生能够更好地应对挑战、克服困难，并在追求目标的过程中保持持久的动力和毅力。在学生奋斗精神的培育过程中，通过运用积极心理学理论，为学生奋斗精神培育提供有效的方法和策略，有助于促进学生积极人格特质的发展。

再次，积极心理学强调关注个体的自我实现和内在动机。一方面，培育学生奋斗精神不仅是为了助其获得外在的成就，更重要的是引导学生实现人生价值和终身幸福。积极心理学认为，关注学生的内在需求和潜在兴趣，使学生将自身奋斗与人生价值的实现和终

身幸福紧密联系，能让其逐步挖掘自身潜能、明确人生的奋斗目标、增强奋斗实践的本领，在奋斗过程中体验满足感和成就感。另一方面，学生奋斗精神的培育需要内在的动机和自主性的驱动。积极心理学认为，满足个体的自主、能力和关系需求可以增强其内在动机，能够有效激发其内在动力，使其更愿意主动奋斗并追求个人成长。

最后，积极心理学还强调个体的社会关系和支持系统的重要性。学生在和谐友好的人际关系中，能够获得更多积极的情感支持和精神鼓励，这对其奋斗精神的培育至关重要。通过建立积极的师生悦纳关系、同学互助关系和家庭支持关系，为学生营造良好的社会支持环境，使学生切实感受到他人的鼓励和认可，不断提高学生奋斗精神培育的实效性。

综上所述，从个人层面出发，积极心理学理论在学生奋斗精神培育领域的应用具有良好的科学性和适应性。该理论基于对个体积极心理品质的研究，为理解学生积极情绪、人格特质、内在动机和支持关系等提供了理论框架，为系统制定高职院校学生奋斗精神培育的方法和策略明确了思路方向。

三、基于积极心理学理论的学生奋斗精神培育路径

（一）培养积极情绪，提升自我效能感

积极情绪是学生奋斗精神培育的基础。培养积极情绪能够提升自我效能感，而高自我效能感也会进一步强化积极情绪，两者相互促进，形成良性循环，有助于激发学生的奋斗精神。首先，学生应

主动参加学校组织的情绪管理和自我效能感提升的相关培训课程，通过学习理论知识和实践技巧，增强对培养积极情绪和提升自我效能感的理性认知。其次，积极参加体育比赛、文艺表演等校内外丰富多彩的课外活动，在积极向上的校园文化和愉悦的活动氛围中感受成功和快乐，收获知识和成长。再次，努力提升自我情绪管理能力，重视大学生心理健康教育课程的学习，乐于接受个性化的心理咨询服务，学会应对压力和情绪问题的技巧。同时，教师和家长也可以运用多种方式帮助学生提升自我效能感。在教学过程中，教师可以采用多样化的教学方法，鼓励学生主动参与课堂讨论和实践活动，并给予及时的肯定和奖励，提升学生的学习兴趣和积极性。家长可以在日常生活中给予学生适当的支持和鼓励，帮助他们树立信心，勇敢面对挑战。最后，积极参加职业技能大赛、创新创业大赛等活动，在参与过程中激发积极情绪，在实践经历中增强自信心，稳步提升自我效能感。这些活动不仅能够锻炼学生的实践能力，还能让他们在竞争中收获成功，进一步激发学生的奋斗精神。

（二）塑造积极人格，激发内生动力

积极人格是学生奋斗精神培育的重要支撑。塑造积极人格能够让学生在追求目标时坚定信念、不屈不挠，持续增强学生的内在动力，而内在动力的激发又有助于进一步塑造积极人格，两者的协同作用能够有效提升学生的奋斗精神。首先，学生应积极参加学校组织开展的思想政治教育、道德法制教育等活动，树立正确的世界观、人生观和价值观，明确远大的人生奋斗目标，不断激发内生动力。其次，应积极参加心理健康教育课程、心理专题讲座、心理咨询工作坊等活动，学会自我认知与自我接纳，探索发现自身的兴趣和优势，勇敢追求自己的梦想。掌握情绪宣泄、心灵放松等心理调适方法，保持积极乐观的良好心态，更好地应对压力和挫折。再次，应注重培养良好的品德和道德观念，养成良好的学习、生活和思维方式，充分展现新时代青年积极的行为习惯和健康的生活态度，在长期的积累和坚持下塑造积极的人格特质。最后，应注重参与社会实践与团队合作，培养社会责任感、创新意识和团队合作精神，在奋斗实践中塑造积极、乐观、坚韧的品格。

（三）关注发展需求，实现自我价值

了解学生的发展需求是奋斗精神培育的关键环节。高职院校学生的发展需求具有多样性，包括知识技能提升、职业发展规划、个人兴趣培养等。学生明确自身发展需求，有助于找准定位、明确奋斗目标，从而实现自我价值。首先，学生应积极参加学校职业生涯规划课程、就业指导课程等，借助心理测评等工具对自身发展需求进行科学评估，客观了解自身的兴趣爱好、职业目标和个人期望，理性认识不同职业的特点和人才需求状况。其次，应充分利用学校丰富的教育资源和完善的课程体系，参加多样化的选修和实践项目，拓宽自身发展平台，满足自我发展需求。主动寻求专业化、个性化的指导，针对自身发展的内在需求和实际问题，加强与辅导员、班主任、学业导师等专业人员的沟通交流，接受职业规划指导、学业辅导和心理疏导等方面的指导，制订切实可行的职业发展规划。再次，把握全方位的实践平台与创新创业机会，通过参加实习实训、创新创业竞赛、技能大赛等方式，利用好实践锻炼、能力提升和自我展示的宝贵契机，在实践中了解社会、增长见识、提升技能。最后，应建立和维护和谐的人际关系，学生在生活中要尊敬师长、团结同学，与他们保持良好的沟通和信任关系，为自身奋斗实践创造良好的外部支持环境。

（四）明晰目标规划，增强实践能力

目标规划是学生奋斗精神培育的方向和动力。合理的目标规划不仅是提升实践能力的前提和指导，更是实现个人成长和职业发展的关键。首先，学生应明确自身的目标规划，通过多种途径提高实践能力。在制定目标时，要充分考虑教师和家长的意见，结合自己的兴趣和能力，以及所学专业的发展前景和市场人才需求现状，确定短期可达成的目标和长远的职业发展目标，确保目标具有层次性和连续性。其次，应重视实践环节。在实习、实训、实验等课程中，要投入更多的精力，注重将理论学习与实践锻炼相结合，提升自己的动手能力和解决问题的能力。同时，应积极参与企业的项目实践，主动了解企业文化、职业规范和行业标准，拓展自己的人脉资源，培养良好的职业素养，为未来的职业发展创造更多机会。最后，应自主参加创新创业项目和社会实践项目。通过参加这些项目，可以提高团队协作能力、创新创造能力和实践应用能力，不断激发学生在目标引领下的奋斗动力。同时，还可以积累宝贵的实践经验，提升自身的综合素质和社会竞争力。

（五）感悟榜样力量，促进自我反思

加强榜样引领作用是学生奋斗精神培育的有效手段。榜样的力

量是无穷的,其示范引领作用能够激发学生的内在动力,促使学生进行自我反思,从而更好地学习榜样的优秀品质。首先,通过选树学生可感知的优秀榜样并进行广泛宣传,发挥榜样对学生的潜移默化作用,帮助学生树立正确的奋斗目标,坚定不懈奋斗的意志。学校和家庭可以为学生提供各种类型的榜样,如杰出校友、行业翘楚、优秀师生、成功人士等,使学生从榜样的成功经验和奋斗精神中获得启示,不断激发自身的奋斗欲望。其次,学生应当积极进行自我反思,通过参加经验分享会、专题报告会、成长工作坊等活动,认真剖析自身存在的问题和不足,及时调整自己的学习和生活态度,不断提高自我管理和自我教育的能力。可以说,学生在优秀榜样的引领和自我反思的推动下,能够更加明确自己的奋斗目标,增强奋斗的动力和信心,不断向着奋斗目标努力前进。

(六) 完善支持体系,营造良好氛围

学生奋斗精神的培育离不开完善的支持体系和良好的氛围。完善的支持体系是良好氛围的基础,而良好的氛围则是支持体系的体现和延伸。两者相互促进,为学生奋斗精神的培育提供了有利条件。首先,学生应主动争取和利用学校、家庭和社会提供的优质教学条件、实践平台、创新支持及环境氛围,助力自身全面发展。其次,学生要注重提升自己的学习能力,积极参与专业学习和技能提升的教育教学评价,为学校教学改革和教师队伍建设建言献策。再次,学生应踊跃参加校园文化活动,如以奋斗为主题的演讲比赛、征文比赛、辩论赛等,深化对奋斗意义的理解,提升对校园文化建设的贡献度和价值认同感。学生还要广泛参与创新创业、技能竞

赛等实践活动，积极争取创新创业资金的支持，为个人成长创造有利条件。积极探寻校内外实习和就业渠道，通过积极参加校园招聘、关注企业发展动态、参加就业讲座等方式，建立并维持与用人单位和关联企业的联系，不断拓展自身的发展空间。最后，应主动参与学校的文化建设和宣传活动，通过校园媒体、宣传展示、文化活动、志愿服务等途径，传播积极向上的价值观，大力弘扬新时代的奋斗精神，展现高职院校青年的良好形象，以实际行动践行奋斗精神。

第二节　学校层面：基于人的全面发展理论的学生奋斗精神培育路径

从学校层面出发，基于人的全面发展理论开展学生奋斗精神培育路径的研究具有重要的理论和现实意义。人的全面发展理论强调个体在多个方面的均衡发展，其中包括思想、道德、知识、技能及情感等方面，这与新时代高职院校人才培养的目标高度吻合，即培养高素质的技术技能型人才。通过深入研究人的全面发展理论，能够更深刻地理解学生奋斗精神培育的形成机制和影响因素，从而提出切实可行的实施路径。

一、人的全面发展理论概述

人的全面发展理论是马克思主义的重要组成部分，其理论基础可以追溯至马克思主义的哲学和社会理论。马克思主义认为，人类的本质是社会性的，人的发展在社会关系中得以实现。该理论强调了人类在各个方面的充分发展，这对于理解人类的本质、社会的发展及个人的成长具有重要意义。

人的全面发展这一重要概念蕴含着深刻的内涵，包括多个层面的内容。首先，人的全面发展包括身体和生理的发展，即拥有健康的身体、正常的生理功能和良好的身体素质，这是人类生存和发展的基础。其次，人的全面发展包括智力和认知的发展，即知识的获取、思维能力的培养、创造力的发挥，以及批判思维和解决问题的能力的提升。再次，人的全面发展包括情感和心理的发展，即情感的成熟、情绪的管理、自我意识的提高、人际关系的建立和维护，以及心理健康的保持。然后，人的全面发展包括道德和伦理的发展，即道德价值观的形成、道德判断能力的提升，以及对正义、公平和责任感的认识。最后，人的全面发展包括社会和人际关系的发展，即与他人的合作和交流、团队合作能力的培养，以及对社会规范和文化的理解和适应。另外，人的全面发展还包括个人的兴趣、爱好和精神追求的发展，这使得个体能够在生活中找到乐趣和满足感，并追求自己的梦想和目标。

人的全面发展与社会发展紧密联系、相互促进。个体的全面发展是社会发展的基础，而社会的发展则为个人的全面发展提供条件和机遇，实现人的全面发展需要一定的条件和途径。首先，教育是推动人的全面发展的重要手段，优质的教育能够提供全面的知识、专业的技能和正确的价值观。其次，良好的社会环境和公平的发展机会对人的全面发展至关重要，公正、平等、包容的社会为个人提供了充分发展的空间和资源。再次，个人的自我努力和自我实现意识是实现全面发展的关键，个体通过积极主动地追求自我实现来达成多层次的全面发展。最后，稳定的家庭和社会支持系统对人的全面发展具有重要作用，家庭的关爱和教育、社会的认可和支持都能有效促进个人的全面发展。因此，人的全面发展理论在教育领域的应用具有重要的理论和现实意义，它强调了培养学生不仅包括专业知识的讲授，还包括思想品德、心理情感及实践能力等综合素质的培养，进而实现每个学生个体的全面发展。

综上所述，人的全面发展理论是一个综合性的理论框架，它强调了个体在多个领域的发展与实现，对教育管理、社会政策和个人成长等研究都具有重要的指导意义。

二、人的全面发展理论与奋斗精神培育的关系

人的全面发展理论注重个体在多方面的充分发展，这与学生奋斗精神的培育密切相关。从学校层面来看，借助人的全面发展理论能够更深刻地理解学生的多元需求和内在动力，进而探索激发学生奋斗精神的有效路径。

首先，人的全面发展理论应用于高职院校学生奋斗精神培育问题研究具有科学的理论逻辑。一方面，高职院校致力于培养大量社会需要的高素质的技术技能人才，而人的全面发展理论则强调学生

在知识、技能、情感、道德等多方面的综合发展，这些均是奋斗精神的关键要素，也与高职院校的人才培养目标高度契合。另一方面，人的全面发展理论基于对人类发展的科学认识，强调学生的成长成才是一个循序渐进的过程。因此，将该理论应用于学生奋斗精神培育，适应思想政治工作规律、教书育人规律和学生成长规律，符合高职院校学生的身心发展特点，能够为学生提供更加适合的教育和培养方式。同时，人的全面发展理论承认个体之间的差异性，注重挖掘不同个体需求并引导个性化发展。在高职院校中，每个学生由于教育基础、家庭环境、成长背景和学习经历等因素的差异，在性格、能力和兴趣等方面都具有不同的特点，展现出不同的发展潜力。该理论的应用可以更好地满足学生多层次需求，持续激发学生的奋斗精神。

其次，人的全面发展理论应用于高职院校学生奋斗精神培育问题研究具有现实的应用场景。一方面，高职院校的人才培养侧重学生的职业技能提升，而人的全面发展理论有助于提升学生的专业技能，培养学生的沟通协调能力、团队合作精神等综合素养，这对于学生的职业发展至关重要。另一方面，学生奋斗精神的培育需要学生积极的心态和坚韧的意志力，而该理论可以在情感和心理等方面，帮助学生培养面对困难和挑战时的积极心态，激发其坚持不懈的奋斗精神。同时，新时代经济社会的发展对技能人才的要求日益提高，而人的全面发展理论可以使学生更好地适应社会发展需要，具备更强的社会竞争力和创新创业能力。

综上所述，人的全面发展理论与学生奋斗精神培育相互促进、相得益彰。人的全面发展理论为高职院校学生奋斗精神培育提供理论依据，而学生奋斗精神的培育能够更好地促进人的全面发展。在高职院校学生培养过程中，应将人的全面发展理论与奋斗精神培育有机结合，培养具有不懈奋斗精神和全面发展的高素质技术技能人才。

三、基于人的全面发展理论的学生奋斗精神培育路径

(一) 深化全面发展理念，提升学生综合素质

全面发展理念是高职院校学生奋斗精神培育的重要基础，学校应将这一理念贯穿于教育教学的各个环节，以提升学生的综合素质。首先，应加强对全面发展理念的宣传与教育。通过宣传海报、橱窗展板、校园网络、主题班会、专题报告等多种形式，让学生深入理解全面发展的重要意义，激发学生对全面发展的兴趣和追求。其次，不断加强和改进学生思想政治教育工作。坚持以理想信念教育为核心，以社会主义核心价值观教育为引领，通过开展各种主题鲜明、形式多样的教育活动和课程，着力培养学生的爱国主义精神、集体主义精神，激发学生的奋斗热情。再次，优化课程体系设置。学校应在保证专业课程质量的基础上，增加人文社科、艺术体育等通识课程的比例，帮助学生拓宽知识面，提高文化素养和审美情趣。积极举办多元化的课外活动，通过组织各类社团活动、文化竞赛、体育比赛、志愿者服务和社会实践等，培养学生的竞争意识、团队合作精神、社会责任感和使命感。最后，培养学生自主学习能力和创新精神。学校应通过教育教学改革，积极采用问题导向式教学、小组讨论、项目式学习等方法，引导学生积极参与学习，

培养自主学习能力，激发学生的学习兴趣和主动性。同时，建立科学完善的评价体系。学校应建立多元化的评价体系，不仅关注学生的学业成绩，还要考虑学生的思想品德、实践能力和创新精神等方面的表现，以明确学生全面发展的目标和方向，激发学生的内在动力。另外，营造良好的校园文化氛围。学校应大力营造积极向上、包容开放的校园文化，倡导勤奋学习、勇于创新和团结协作的校风学风，多途径展示学生奋斗的成果和风采，不断激发学生的自信心和荣誉感。

（二）完善多元课程体系，拓宽学生发展路径

多元课程体系是高职院校实现学生全面发展的重要保障，也是培育学生奋斗精神的关键体现。学校应通过完善多元课程体系，为学生提供更广阔的发展空间，激发学生的奋斗动力。首先，构建完备的课程教学体系。学校需发挥思想政治理论课的关键作用，强化理想信念教育，充分挖掘区域红色教育资源，深入开展"四史"教育，厚植新时代大学生的奋斗精神情怀。科学设置通识课程和专业课程的比例，让学生在广泛涉猎的同时深入钻研某个专业领域，为未来职业发展奠定坚实基础。开设创新创业、职业技能提升等不同领域和方向的选修课程及跨学科课程，学生可根据兴趣和职业规划选择相应的课程，拓宽学生的专业知识面，提升其技术技能。充分利用现代信息技术，加强网络在线课程平台建设，为学生提供丰富的在线学习资源，培养学生的自主学习能力和终身学习意识。其次，强化实践课程的突出地位。学校应增加实践课程的比例，与企业合作开设实习、实训课程等，让学生在真实的工作环境中锻炼实践能

力，培养创新思维和解决问题的能力。再次，大力推行模块化教学课程。学校应根据行业发展和企业需求，灵活组合和推行模块化课程，及时更新课程内容，确保学生所学知识和技能与市场需求相契合。最后，建立完善的课程评价与反馈机制。通过学生评价、教师评价及企业反馈等多种方式，对课程的质量和效果进行全面评估，并根据评价结果及时调整和优化课程体系。

（三）注重数字技术应用，丰富教育载体平台

数字技术应用是高职院校促进学生全面发展的关键手段，也是新质生产力发展背景下的必然要求。学校应充分发挥数字技术对学生思想政治教育的赋能增效功能，拓展先进信息技术应用渠道，丰富教育载体平台，为学生提供更多的学习资源和实践机会，从而更好地促进学生的全面发展。首先，学校可以加强数字化教学资源建设。通过建设数字化图书馆、在线课程平台、虚拟实验室等，为学生提供丰富的在线学习资源，让学生可以随时随地进行学习。其次，学校可以推广智能化教学工具。例如，智能教学助手、在线测试系统、学习分析系统等，这些工具可以帮助教师更好地了解学生的学习情况，提供个性化的教学服务。再次，学校可以开展虚拟现实和增强现实教学。通过虚拟现实和增强现实技术，为学生创造沉浸式的学习体验，让学生更加直观地学习知识和技能。然后，学校可以加强网络学习社区建设。通过建设网络学习社区，让学生可以在线交流和分享学习经验，提高学生的学习参与度和合作能力。最后，学校可以探索人工智能教育应用。利用人工智能、虚拟现实等先进技术手段，创新思想政治教育方式和方法，实现教育资源的精准化、

智能化推送，让学生根据自己的兴趣和需求选择学习内容。例如，智能辅导系统、智能评估系统等，这些应用可以帮助教师更好地评估学生的学习情况，提供有针对性的教学指导。

（四）发挥教师引导功能，助力学生奋斗成长

教师是学生成长和发展道路上的引路人，在培育学生奋斗精神方面发挥着至关重要的作用。学校应充分发挥教师的引导功能，助力学生勇往直前。首先，加强教师队伍能力培训。学校应定期组织教师开展教育理念、教学方法等方面的培训，提高教师的教育教学水平和引导能力。其次，引导学生树立正确的世界观、人生观和价值观。教师应通过课堂教学、主题班会、课外活动等多种形式，引导学生深刻理解奋斗的意义和价值，培养学生的社会责任感和使命感。再次，建立和谐融洽的师生关系。良好的师生关系是教师引导学生的重要基础，教师要关心学生的生活和学习，尊重学生的意见和想法，与学生建立相互信任、相互交流的关系，增强学生的教育获得感。然后，选树优秀典型教师榜样。教师的言传身教对学生影响深远，教师应以身作则展现积极向上、努力奋斗的精神风貌，在教书育人中传递奋斗精神，激发学生的学习动力和进取精神。最后，完善教师激励保障机制。学校应建立健全教师激励保障机制，对在培育学生奋斗精神方面表现突出的教师给予表彰和奖励，提高教师的积极性和主动性。

（五）实施因材施教策略，激发学生内在潜能

因材施教是尊重学生个体差异、推动人的全面发展的重要途

径。高职院校需根据学生的特点和需求，实施有针对性的教育教学策略，激发学生的内在潜能，培育其奋斗精神。首先，落实个性化的教育方案。学校应建立学生个性化发展档案，记录学生的性格、兴趣、特长、家庭背景等信息，教师可根据学生的个性化特征，制订个性化的教育计划，包括课程安排、学业指导、职业规划及就业指导等，满足学生的多元需求。其次，实施分层分类教育。学校应避免采用一刀切的教育模式，而应根据学生的学习基础和能力，在课程设计、教学内容、教学方法等方面进行分层，让不同类型的学生都能实现有效的学习和提高。再次，构建多元化的评价体系。学校应摒弃传统的单一评价模式，持续改进结果评价、着力强化过程评价、积极探索增值评价，建立完善多元化的评价方式，全面了解学生的学习状况，发现学生的闪光点和潜能，持续激励学生不断进取。然后，推进学生导师制培养模式。学校应根据学生的特点和需求，为每位学生配备发展导师，对学生的学习、生活、职业发展等方面进行全方位指导，激发学生的内在潜能。最后，提供多样化的学习资源。学校应为学生提供包括图书资料、网络课程、实践基地等丰富的学习资源，让学生根据兴趣和需求自主选择学习资源，满足其个性化学习需求。另外，完善家校共育的合作机制。学校应加强与家长的沟通与合作，了解学生的家庭环境和成长背景等，共同关心和指导学生的生活和学习，形成协同联动、密切配合的教育合力。

（六）强化实践活动引领，增强学生实践能力

实践活动是培育学生奋斗精神的最有效方式，学校应通过各类

实践活动，让学生在实践中塑造奋斗精神。首先，构建完备的实践教学体系。学校应结合专业特点和人才培养目标，构建涵盖实验、实习、实训、课程设计、毕业设计等环节的科学合理的实践教学体系，确保实践教学贯穿于整个教学过程。其次，强化实践教学基地建设。学校应主动与企业合作，建立稳定的实践教学基地，为学生提供真实的工作环境和实践机会，助力学生在实践中学习和成长。再次，组织学生参加各类竞赛活动。学校应鼓励和组织学生参加各种技术技能大赛、创新创业大赛、职业规划大赛等活动，激发学生的竞争意识和创新精神，提升学生的实践能力。然后，推行项目化实践教学。学校应以项目为依托，引导学生自主学习、团队协作、实践探索，培养学生的实践能力、解决问题的能力和团队协作精神。然后，建立实践活动评价机制。学校应构建科学的实践活动评价机制，对学生的实践表现进行全面、客观的评价，及时发现问题，剖析原因，改进实践教学，提高实践活动的教育质量。最后，加深与企业的合作。学校应与合作企业在人才培养、技术研发、标准制定及成果转化等方面建立深度合作机制，使学校的教育教学更具针对性，为学生提供更多的实践机会。另外，支持并鼓励学生自主创业。学校应提供必要的政策支持和资源保障，多措并举激励学生自主创业，培养学生的冒险精神、创新能力和抗压能力。

（七）突出心理健康教育，培养学生积极心态

心理健康教育在培养学生积极心态和奋斗精神方面意义重大。首先，加强心理健康教育课程建设。学校应将心理健康教育纳入必修课课程体系，开设专门的心理健康教育课程，让学生了解心理健

康知识，掌握应对压力、情绪管理等技能。其次，提供优质的心理咨询与辅导服务。学校应建强心理咨询服务中心，配备数量充足、结构合理的心理咨询师队伍，为学生提供个体咨询、团体辅导等服务，帮助学生排解心理困扰，增强心理调适能力。再次，广泛开展心理健康教育活动。学校应积极举办心理健康讲座、心理健康主题班会、心理工作坊、团体拓展训练等各类心理健康教育活动，让学生在活动中培养良好的心理素质和积极的人生态度。然后，构建心理危机干预机制。学校应针对可能发生的心理危机事件，建立健全心理危机干预机制，及时发现、评估和处理学生的心理危机，保障学生的心理安全。最后，密切关注特殊群体的心理健康。学校应对家庭经济困难、学业困难、单亲家庭、身体残疾等特殊群体学生给予更多的关怀和帮助，提供有针对性的心理支持，助力学生迎接挑战、克服困难、树立自信。另外，建立心理健康教育评估体系。学校应定期评估心理健康教育工作，了解学生的心理健康状况和实际需求，根据评估结果调整心理健康教育策略，持续提高教育教学和人才培养质量。

第三节　家庭层面：基于参与理论的
学生奋斗精神培育路径

从家庭层面出发，基于参与理论开展学生奋斗精神培育路径的研究具有积极的理论意义和实践价值。家庭在学生成长发展中扮演着不可或缺的角色，对其价值观、人生观，以及实践行为等方面有着深远影响。参与理论强调个体积极参与活动和自主决策，家庭给予学生适当的参与机会，将参与体验转化为内在动力，有助于培养学生的自主意识和责任意识。应用参与理论，有助于制定更有效的家庭教育策略，激发和培育学生的奋斗精神。

一、参与理论概述

参与理论，又称受众参与理论，是20世纪70年代以后随着社会信息化的发展和媒介集中垄断程度达到新的高度，在美国、日本等一些发达国家出现的一种新的媒介规范理论，由美国学者巴伦（J. A. Bslen）于1967年发表的《对报纸的参与权利》一文中最早明确提出。该理论重点关注个体的自主性、平等参与、互动性及能力建设等方面，强调个体在参与过程中具有平等的自主选择和决策能力，通过个体与他人的互动、交流和合作，能够更好地理解问题并寻找解决方案。同时，当个体认为参与行为有意义和价值时，能够有效激发个体的主动性和积极性，个体在参与实践中可以获得新知识、提升新技能、增加新经验。

随着社会和技术的进步，参与理论不断发展和演变，其应用领域也不断拓展和深化。如在传播领域，参与理论可以帮助媒体更好地理解受众需求，提高内容的吸引力和互动性。在公共政策领域，参与理论促进公众对政策制订和执行的参与，提高政策的可接受性和实施效果。在市场营销领域，企业可以根据参与理论制定更具针对性的营销策略，提高消费者的参与度和品牌忠诚度。在文化艺术领域，如电影、音乐、戏剧等，参与理论可以帮助创作者更好地与观众互动，创造更具吸引力的作品。在健康传播领域，参与理论可以鼓励人们更积极地参与健康行动，提高健康素养。

参与理论在教育领域的应用，旨在强调通过学生的主体参与、互动合作、情境学习、经验积累、反馈调整等方式，激发学生的积极性和主动性。首先，该理论强调学生的主体地位，只有当学生积极参与到学习过程中，才能真正实现知识的内化和能力的提升。其次，该理论认为学生素质提升是一个互动的过程，学生只有通过与教师、同学、家长的互动合作，才能更好地理解知识并提高学习效果。再次，该理论认为教育应该创设真实的学习情境，让学生在实际情境中运用知识，从而提高解决问题的能力。然后，该理论指出学生应通过亲身经历和实践去开展学习，这样的学习方式更加深刻，也更有助于培养学生的实践能力。最后，该理论强调及时反馈对学生培养和锻炼的重要性，学生可以根据反馈信息进行自我调整，并通过多种形式参与活动，不断提高自身的沟通能力、团队合作能力、创新能力等综合素质和能力水平。

综上所述，参与理论在教育领域具有重要地位，它注重学生的情感体验和动机激发，突出了积极参与对学生兴趣探索和动力提升的推动作用，这与现代教育所倡导的尊重学生主体地位的理念高度契合，为教育领域提供了一种以学生为中心的研究和应用视角，对提高教育质量和培养学生综合能力具有重要意义。

二、参与理论与奋斗精神培育的关系

从家庭层面来看，学生有机会参与家庭决策、承担责任并共享成果，将逐渐培养学生的自主意识和责任感，而这正是奋斗精神体现的关键要素。参与理论为我们提供了一个独特的视角，有助于深入分析和理解家庭与学生奋斗精神培育之间的紧密关系，从而制定更有效的家庭教育策略。

首先，将参与理论应用于学生奋斗精神培育具有科学的理论依据。一方面，学生的成长是一个循序渐进的过程，学生在这个过程中需要通过不断的参与和实践来积累生活经验、丰富人生阅历、提高实践能力。参与理论强调学生要积极参与家庭事务，这与学生的成长发展规律是完全相符的。通过参与家庭事务等活动，学生能够逐渐培养自主性、责任感和奋斗精神，为未来职业发展奠定坚实的基础。另一方面，家庭是学生成长的重要环境，和谐的家庭关系对于学生的心理健康和人生发展至关重要。参与理论鼓励家庭成员互动合作，这有助于增强家庭成员之间的情感联系，为学生提供稳定的情感支持。在温馨和谐的家庭氛围中，学生更容易感受到关爱和鼓励，这将激发他们的奋斗动力，让他们更加积极地面对生活中的各种挑战。此外，每个学生都有自己独特的个性和需求，家长可以更好地了解学生的特点和潜力，并根据学生的兴趣、能力和发展阶段，为他们提供适合的参与机会和挑战，满足学生的发展需求，激发他们的内在动力和奋斗精神。这种个性化的教育方式不仅有利于学生的个人成长，也有助于培养他们的创新精神和实践能力。因此，需通过家庭成员的共同努力，为学生创造一种和谐融洽的家庭氛围和积极参与的家庭环境，让他们在成长过程中不断提升自己，强化担当精神、责任意识和奋斗精神，为学生的未来发展提供有力的支持。

其次，将参与理论应用于学生奋斗精神培育具有显著的现实意义。在传统的家庭教育模式下，家长常常为学生包办一切，过度代替学生做决定，往往忽视学生的主体地位，这种做法正好与参与理论所倡导的学生参与形成了鲜明的对比。因此，从家庭层面而言，在学生奋斗精神培育过程中，家长需要转变教育观念，让学生更多地参与家庭事务，培养他们的自主能力和责任感。一方面，家庭是学生最早接触的社会环境，家庭中的各种事务为学生提供了丰富的实践机会。学生通过参与家务劳动、家庭决策等活动，可以学会承担责任、解决问题，培养实际的生活技能和应对能力，从而树立正确的人生目标和奋斗方向。另一方面，家庭对学生价值观的形成具有重要且持久的影响，家庭成员的言传身教、家庭文化的传承都在潜移默化中塑造着学生的价值观。学生通过参与家庭事务，能够深刻体会到努力工作、团结合作、责任意识等价值观的重要性。同时，在家庭教育中培育的奋斗精神会影响学生的一生，这种影响不仅体现在学生的学习成绩上，更体现在他们的人生态度、职业发展和社会责任感等方面。此外，家庭教育应与学校教育形成良好配合，家长需与学校保持密切沟通，了解学生在学校的表现和需求，共同为学生的成长提供支持和引导。因此，在竞争激烈的现代社会，家庭作为学生的第一课堂，应合理引导学生参与活动、鼓励学生自主学习和探索，培育他们积极进取、勇于拼搏的奋斗精神，帮助他们更好地适应社会需求和挑战，在未来的职业生涯和社会生活中取得成功。

综上所述，参与理论与奋斗精神培育相辅相成。参与理论为高职院校学生奋斗精神的培育开辟了新的研究视角，而学生奋斗精神培育也进一步拓宽了参与理论的应用领域。在学生奋斗精神培育的过程中，应积极转变传统家庭教育的模式，制定参与理论视角下的家庭教育策略和方法，形成家校合力育人的新局面。

三、基于参与理论的学生奋斗精神培育路径

（一）提供参与契机，培养协作能力

家庭是学生成长的第一课堂，是学生奋斗精神培育的重要场所。在家庭教育中，为学生提供参与契机并培养其协作能力，对于他们的成长和未来发展具有重要意义。首先，家长要给予学生必要的劳动和锻炼，可以让学生参与打扫卫生、整理房间、洗碗洗菜等日常家务劳动，培养学生分担家庭责任的意识。简单的家务劳动，不仅有助于培养学生的自理能力，还能让他们体验到劳动的辛苦和成果的来之不易，逐渐明白只有付出努力才能换来整洁的环境，从而在实践中培养协作和分工的意识。其次，家长要给予学生充分的信任和支持，鼓励学生参与家庭物品购买、旅游地点选择等一些具体事务的决策，认真听取他们的意见和建议，让他们感受到自己的观点受到重视，培养他们的决策主见和家庭责任感。在学生参与的过程中，让他们学会思考问题、分析利弊，并在与家人的讨论中提升协作能力。然后，家长要引导学生学会分享和包容，通过组织户外运动、亲子游戏等家庭活动，增进家庭成员之间的感情交流，培养学生的同理心和团队意识。在参与活动中，学生与家人密切合作、相

互帮助，共同完成任务或达成目标，培养学生的团队协作精神和沟通能力，让学生学会在集体中发挥自己的优势并关注他人的需求。最后，家长还可以引导学生积极参加社区组织的垃圾分类、卫生清扫、捐赠物品、关心弱势群体等活动，在活动中学会如何与不同性格的人相处，体会到自己的努力可以为社会带来改变，增强学生的社会适应能力和团队合作精神。

（二）设定挑战目标，发挥示范作用

在学生奋斗精神培育的过程中，设置挑战目标并发挥示范作用至关重要，不仅能够激发学生的内在动力，还有助于为学生提供明确的奋斗方向和目标。首先，设定具有挑战性且与学生能力和发展阶段相适应的目标，能帮助学生明确奋斗方向。家长可以与学生一起讨论兴趣爱好、人生梦想和职业规划等话题，根据讨论结果共同制订实现目标的具体步骤、时间节点和评估标准等实施计划，引导学生思考计划实施中可能遇到的困难和解决方案，定期回顾目标的进展情况并给予支持和鼓励，从而持续培养学生解决问题的能力和应对挑战的能力。其次，家长的言行举止和人生态度对学生影响深远。家长应树立积极向上、努力奋斗的榜样形象，通过工作表现、学习态度、为人处世和社会责任感等方面，向学生诠释奋斗的意义和价值，让学生从身边的人和事中感悟奋斗精神。最后，家长要积极引导学生关注社会上的优秀榜样，讲述他们的奋斗故事和成功经验，体会榜样在面对困难和挫折时的坚韧精神，让学生明白每个人都有通过奋斗实现自己价值的机会，不断激发学生奋斗的动力和成功的信心。

(三) 倡导自主学习，融合价值教育

在家庭环境中，倡导自主学习并融合价值教育是学生奋斗精神培育的重要途径。首先，家长应该培养学生的学习兴趣和自主学习的意识。基于学生的兴趣爱好，家长可以通过提供相关学习资源、分享学习经验等方式，让学生理解学习的重要性和内在乐趣，鼓励他们自主学习。其次，家长要为学生创造自主学习的环境和条件，为学生提供适当的指导和帮助，参与学生自主学习计划和目标的制订，引导学生学会自我管理和自我约束，培养学生的自主性和独立性。再次，在倡导自主学习的过程中，通过讨论社会热点、道德困境等问题，引导学生积极思考和分析问题，培养学生的批判性思维和价值判断能力，并通过言行举止向学生传递正确的价值观念，帮助学生树立正确的世界观、人生观和价值观，引导学生为了更远大的目标而努力奋斗。最后，家长要鼓励学生勇于尝试和创新。家长要给予学生足够的自由和空间，充分发挥其想象力和创造力，鼓励学生勇于尝试新的方法和思路，不断培养他们的创新精神和解决问题的能力。

(四) 家校密切沟通，营造良好氛围

家庭和学校是学生成长过程中的重要环境，强化家校合作可以为学生营造良好的成长氛围，提升学生奋斗精神的培育效果。首先，建立良好的家校沟通渠道。家长应通过参加学校活动、与教师面对面交流、线上即时沟通交流等多种方式主动与学校保持密切联系，及时了解学生在学校的思想动态、学习生活和日常表现，及时发现学生存在的问题并与学校共同探讨解决方案，为学生的成长提供更

好的支持。其次，注重学生品德教育和行为养成。家长可以通过身教言传、讲述优秀人物的故事等方式，引导学生树立正确的价值观和道德观，培养诚实、守信、勤奋、努力等品质，在家庭中营造尊重他人、关心他人的氛围，培养团队合作精神。再次，培养学生的自律能力。家长可以在规律的生活作息、合理的时间管理等方面培养学生的自律能力，给予学生适当的自由空间，让他们学会自我管理，培养独立思考和解决问题的能力。最后，引导学生进行职业规划。家长可以与学生一起探讨职业兴趣和目标，了解不同职业的人才需求和发展前景，鼓励学生通过实习实训、参加职业培训等方式积累实践经验，为未来的职业发展做好准备。

（五）持续引导激励，关注个性发展

家长的引导和关注对学生的成长影响深远。首先，持续激发学生的自信心。家长要基于学生当前的教育层次，积极引导学生正视过去的失败，树立前进的信心。通过肯定学生的努力和成就，让他们相信自己的能力，认识自己的价值，感受到自己的付出所赢得的认可。家长可以分享自己在工作或生活中遇到的挫折，讲述如何从中吸取教训并继续前进的经历，让学生明白失败的意义和价值。其次，密切关注学生的情感需求。当学生面临压力和困难时，家长要耐心倾听他们的烦恼，给予足够的关爱和支持，提供适当的意见和建议，让他们感受到安全和信任，从而更有信心地面对挑战。再次，积极鼓励学生个性化发展。家长要尊重并支持学生的兴趣爱好和个人特长，提供相应的资源和支持，并鼓励他们探索自己的兴趣领域，培育学生持久的奋斗动力。最后，定期开展反思与总结。家长可以与学生一起定期回顾学习和生活经历，引导学生关注自身的成长和进步，清醒地认识存在的优点和不足，认真总结成功的经验和失败的教训，及时调整今后努力的方向，积蓄不懈奋斗的坚韧力量。

第四节　社会层面：基于社会行动理论的学生奋斗精神培育路径

从社会层面出发，社会行动理论为研究学生奋斗精神培育路径提供了独特的视角。社会行动理论关注个体与社会环境的相互作用，对于研究社会结构、社会变迁及社会互动等方面具有重要意义。通过深入研究社会行动理论，分析社会环境因素对学生奋斗精神培育的影响，可以更深入地理解奋斗精神培育的形成机制，探讨通过社会环境的支持和引导培育学生奋斗精神的行动策略，助力学生在社会发展中展现出积极进取的精神风貌。

一、社会行动理论概述

社会行动理论由美国学者塔尔科特·帕森斯（Talcott Parsons）于20世纪中期在其著作《社会行动的结构》中首次提出，他将当时社会学领域呈现出的不同理论流派的观点进行整合，试图构建一个研究个体和群体行为的综合理论框架，来解释人类行为和社会系统的运作，对社会学和其他相关领域的发展产生了深远影响。

社会行动理论指出，在研究社会关系与人际关系时，社会系统里的任何社会行动均存在定向，这种定向，也被称为"取向"，可划分为认知、情感和评价三类。该理论强调行动者的主观意图和动机在社会行动中的关键作用，认为行动是由行动者的目标、手段和情境等因素相互作用的结果，关注行动者与社会环境之间的互动关系，包括社会规范、文化价值和社会结构等对行动的影响。随着时间的推移，社会行动理论在后续的研究中不断发展和演变。塔尔科特·帕森斯（Talcott Parsons）进一步发展了结构功能主义，强调社会系统的稳定性和功能整合。他的学生罗伯特·默顿（Robert Merton）对结构功能主义进行了修正，提出了"显功能"和"潜功能"的概念。同时，乔治·赫伯特·米德（George Herbert Mead）和赫伯特·布鲁默（Herbert Blumer）强调行动者通过符号进行互动和意义建构，提出了符号互动论。这些发展进一步丰富了社会行动理论的内涵，有助于理解行动者的主观意图、动机，以及它们与社会环境的相互作用，对社会结构、社会变迁和社会互动等研究领域具有重要的指导意义。

社会行动理论的应用涵盖了教育学、管理学、社会学、政治学等多个领域。在社会学领域，该理论用于分析个体和群体的行为模式，解释社会互动和社会关系，研究社会结构对行动的影响，以及行动者如何在社会中实现自己的目标。在政治学领域，该理论用于解释政治行为和政治决策的过程，研究个体和群体在政治环境中的行动策略，以及政治制度和政策对行动的约束和引导。在管理学领域，该理论有助于理解组织内员工的行为和决策，分析领导行为对员工行动的影响，以及如何激励员工实现组织目标。在教育学领域，该理论应用于学生行为分析和教学设计，了解学生的学习动机和需求，创造有利于学生积极行动的教育环境。

综上所述，社会行动理论是理解人类行为和社会现象的重要研究工具。随着社会的变化和学术研究的推进，社会行动理论也在不断演变和更新，为理解和解释社会环境提供了科学的理论支持。

二、社会行动理论与奋斗精神培育的关系

从社会层面来看，社会行动理论强调个体与环境之间的互动关联关系，个体在确定奋斗目标后，社会环境提供奋斗支持，给予积极的互动与激励，最终实现行动结果与奋斗反馈的良性循环。加强社会行动理论与学生奋斗精神培育的融合，对于个体和社会的发展具有显著意义，为学生奋斗精神培育的实施路径研究提供了重要的理论支撑。

首先，从个体行动与奋斗目标的关系来看，社会行动理论强调个体的行动是有目的、有意识的，并受到环境和社会因素的影响，这一点与学生奋斗精神的培育相契合。在学生奋斗精神的培育中，学生需要通过自我认知和探索，确定自己的兴趣、价值观和长期目标，这些目标成为其奋斗的方向和动力源泉。有了明确的奋斗目标，学生能够更加有针对性地规划自己的行动，将时间和精力集中在实现目标的努力上，目标的确定不仅激发了学生的内在动力，还使他们能够保持专注和坚持不懈地努力。

其次，从社会环境对奋斗支持的影响来看，社会行动理论强调

社会环境对个体行动的重要影响。一个支持和鼓励奋斗的社会环境为学生的奋斗精神培育提供了有利条件。学校、家庭和社会作为学生成长的重要环境，应该共同营造鼓励奋斗、创新和进取的氛围。学校可以通过教育理念的传播、教育资源的提供和激励机制的设立，激发学生的奋斗欲望。家庭则可以给予学生情感上的支持和榜样的引导，培养他们的自信心和独立性。社会也可以通过提供公平的机会和资源，鼓励学生积极参与社会实践和竞争，促进学生奋斗精神的培育。

再次，从行动策略与奋斗方法的结合来看，社会行动理论关注个体采取的行动策略。在学生奋斗的过程中，学生需要学会分析问题、寻找解决方案，学会合理安排时间、提高学习效率、掌握应对挑战的方法等，并灵活调整行动策略。通过培养学生的行动策略意识，使他们能够更好地应对困难和挫折，增强奋斗实践的积极成效。同时，学生还应该不断学习和积累，增强学习技巧、沟通技巧、团队合作能力等，以提升自己的综合素质和社会竞争力。

然后，从社会互动与奋斗激励的相互作用来看，社会行动理论强调个体与他人的互动合作。在学生奋斗精神的培育过程中，社交互动起到了重要的激励作用。与同学、老师和长辈的交流与合作，能够激发学生的竞争意识和合作精神，同学之间的相互鼓励和榜样的力量可以激励学生更加努力奋斗，老师的指导和关心能够给予学生信心和动力。此外，参加社团活动、文体竞赛等活动，有助于学生展示自己的才能，赢得他人的认可和赞扬，不断增强奋斗的动力。

最后，从行动结果与奋斗反馈的循环来看，社会行动理论重视行动结果对个体的影响。学生通过努力奋斗所取得的成果和反馈，对他们的奋斗精神具有重要的激励作用。及时给予学生正面的反馈，让他们感受到自己的努力得到了认可和回报，能够增强学生的自信心和动力。同时，学生也需要学会从失败和挫折中吸取教训，不断调整自己的行动并持续改进。这种行动结果与奋斗反馈的循环，促使学生不断追求更好的成绩和更高的目标。

综上所述，社会行动理论与学生奋斗精神培育是相互关联、相互促进的。通过个体行动策略与明确的奋斗目标相结合，社会环境提供奋斗支持，采取有效的行动策略和方法，以及积极的社会互动与激励，最终实现行动结果与奋斗反馈的良性循环，这样的关系有助于培养学生坚韧不拔的奋斗精神，使他们在成长过程中不断拼搏进取，更好地实现个人的全面发展。

三、基于社会行动理论的学生奋斗精神培育路径

（一）创设良好氛围，引领社会风尚

良好的社会文化氛围对于学生奋斗精神的培育具有重要意义，为学生提供积极向上的发展环境，可有效激发学生的奋斗动力和潜能。首先，塑造崇尚奋斗的社会文化。通过多种途径广泛宣传推广勤奋、努力、创新等积极的价值观元素，营造公平正义的社会竞争环境，引导学生树立正确的奋斗观，激发学生的进取精神和勇于挑战的意识。通过举办各类文化活动、展览、讲座等，让学生在浓厚的社会文化氛围中感受奋斗的意义和价值。其次，推动教育体系的改革创新。推动教育体系的改革创新要注重培养学生的实践能

力、创新思维和解决问题的能力，社会要大力鼓励和支持学校开设相关课程和特色活动，引导学生学会主动思考、积极探索，培养自主学习和奋斗精神。再次，发挥社会舆论和媒体的宣传作用。对奋斗精神的重要性和意义进行宣传，引领全社会形成支持奋斗、崇尚奋斗、竞相奋斗的良好社会风尚。媒体通过传播奋斗者的感人故事和成功经验，可以有效激励学生努力奋斗。与此同时，媒体也要发挥监督作用，对不良行为和消极现象进行批评和曝光，引导社会风尚积极向上健康发展。最后，加强社会各界合作交流。社会各界要建立共同育人的合作意识，学校、家庭、企业和社区等各方应建立紧密合作关系，为学生提供多元化的培养途径和资源，让学生与不同领域的人士交流，拓宽学生的发展视野，激发其奋斗热情和创新动力。

（二）强化教育引导，塑造优秀品质

多元化的教育引导对于学生奋斗精神的培育具有积极作用，有助于学生树立正确的世界观、人生观和价值观，培养学生积极向上的品质和态度。首先，建立与社会需求相契合的培养目标。社会应定期反馈行业发展趋势和人才需求，高职院校可据此及时调整课程设置和教学内容，调整和优化学生培养目标，使学生学到的知识和技能与社会需求相匹配。社会应提供多样化的职业咨询和测评工具，鼓励学生结合兴趣特长，明确个人职业发展目标和定位，适时调整适合自身的发展方向，注重培养职业技能、创新能力和团队合作精神等。其次，强化职业指导与规划培训。学校应加强与外界的合作，邀请行业专家、企业人士等为学生提供职业规划、简历制作、面试技巧等方面的专业指导和培训。针对学生的不同需求，提供一对一的职业规划辅导，帮助学生制订个性化的发展计划。然后，鼓励学生参与社会公益活动。社会应积极组织各类志愿公益活动，如社区服务、环保活动、公益赛事等，为学生提供参与社会治理、志愿服务等机会，通过表彰或奖励等方式激发学生参与社会服务的积极性和荣誉感，让学生主动关注社会问题，在服务中提升其社会责任感和自我效能感。最后，探索建立全社会职业导师制度。整合挖掘社会资源，创新建立由各行各业优秀人士组成的职业导师队伍，完善经常性和个性化的导师指导机制，促进导师与学生之间有效沟通和互动，持续支持和关注学生职业发展的全生命周期，为高职院校学生职业发展提供专业指导和建议。

（三）丰富资源供给，搭建发展平台

丰富的优质资源供给为学生奋斗精神培育提供了有效的发展支撑，为学生职业发展搭建了广阔的成长平台。首先，加大对高职教育的引导与支持。政府应出台一系列鼓励企业参与高职教育的政策措施，吸引优秀企业与高职院校深度合作，增加对高职院校的专项资金支持，用于改善教学设施、引进优秀教师等，促进社会资源的合理配置，满足学生多层次的职业发展需求，为高职院校学生提供更多优质教育资源。其次，深化行业企业与高职院校深度合作。企业应根据市场需求和发展实际，与高职院校共同制定人才培养方案，设置相关课程和实践环节，与学校合作或自建实践基地，提供精准对接产业需求的实习实训岗位，为学生提供真实的工作场景和实践机会，提高学生的实践应用能力。再次，建立健全社会资源共享机制。建立社会企业和行业资源共享机制，开放实验室、实训室等优质资源，共享行业信息和发展资源，为学生提供广泛的技能提升和实践机会。充分发挥现代信息技术优势，整合网络教育资源，拓宽学生职业发展视野，激发学生的学习兴趣和奋进动力。最后，搭建职业发展平台。基于与行业企业的深度合作，学校应建立完善的职业发展中心，配备专业的职业发展指导人员，为学生提供个性化的职业规划和就业指导。加强学生职业规划、就业指导和招聘服务，与企业合作举办线上线下的招聘会、宣讲会等活动，为学生提供更多的就业机会和发展平台。

（四）树立榜样楷模，激发奋进动力

选树社会榜样楷模为学生奋斗精神培育注入新的活力和动能，能够持续激发高职院校学生的拼搏奋斗意识。首先，大力弘扬精益求精的工匠精神。在全社会倡导工匠精神和奋斗文化，利用新闻报道、公益广告、宣传标语、专题栏目、社交媒体等多种传播平台和载体，广泛宣传在职业领域取得突出成就的大国工匠、道德楷模、劳动模范等人物事迹，让学生深刻感悟榜样的奋斗历程、成功经验和精神品质，传播奋斗精神的价值意蕴，持续激发学生追求卓越、创新创造的奋进动力。其次，开展"榜样进校园"系列宣讲活动。学校应邀请各行各业的榜样楷模、杰出校友等走进校园，定期举办专题讲座、事迹分享和主题报告等活动，让学生有机会与社会成功人士面对面交流，聆听职场心得、奋斗故事和职业感悟，引导学生树立正确的职业观和奋斗目标。再次，建设社区职业技能提升中心。邀请相关专家、行业精英等深入社区开展讲座和指导，加深学生对不同职业岗位需求和发展前景的认识，加强学生与先进典型榜样的互动交流，为学生提供更广泛的职业体验平台，激发其对未来职业发展的思考和努力。最后，设立社会公益合作项目。加强社会与高职院校的公益合作，让学生参与与榜样楷模的事业或价值观相关的公益合作项目，通过共同努力为社会做出贡献。学生在参与公益项目的过程中，能够更加亲近身边的榜样，能够深切体会奋斗的意义和价值，能够培养团队合作精神和社会责任感，将奋斗精神切实转化为实践行动。

（五）鼓励创新创造，成就出彩人生

创新创造能力已成为现代社会衡量人才素质的重要指标，是高职院校学生奋斗精神培育的关键路径，为学生在未来职业生涯中脱颖而出、成就出彩人生提供了无限可能。首先，营造浓厚的创新创造氛围。通过各类主流媒体渠道，广泛宣传大众创业、万众创新的重要意义，让全社会形成对创新创造的思想共识。定期举办创新创造竞赛、交流研讨会、专题报告论坛等活动，为高职院校学生搭建展示创新成果的平台，促进不同领域创新者进行交流与合作，激发创新思想的碰撞。加强知识产权法律法规的宣传和执行，保障创新者的合法权益，让他们更有动力进行创新。全社会应着力营造鼓励创新、宽容失败的环境，让创新者敢于尝试、无惧失败，从失败中汲取经验并取得成功。其次，构建完善创新创造教育体系。高职院校应加强与社会的广泛合作，将创新创业教育纳入必修课程体系，深入教授创新方法和创业知识等相关内容，组织开展企业和行业深度参与的创新创业比赛，全覆盖培养学生的创新意识和创造精神，激发学生的创新思维和竞争意识。再次，加强创新创造的资源支持。社会应为高职院校学生提供包括资金、技术、场地等丰富的创新创造资源，为有发展潜力的项目提供创新基金和技术培训指导，设立创新创造项目孵化基地，助力学生掌握创新创造所需技能，提供良好的实践场所和资源支持。最后，建立广泛的创新创造合作网络。社会各界应共同建立广泛的创新创造合作网络，企业、高校、政府等各方可联合搭建"产学研用"合作平台，共同开展创新项目的研究开发，鼓励学生参与跨学科、跨领域的创新团队，促进技术转移和成果转化，培养学生的合作精神和创新能力。

（六）完善激励机制，助力持续发展

完善的激励机制能为学生奋斗精神的培育提供有力的支持和保障，推动学生在奋斗中不断成长和进步。首先，构建多元化的评价体系。社会应摒弃传统的单一评价模式，建立多元化的评价体系，重视学生的技能水平、实践能力、创新精神等方面，使学生认识到奋斗的价值不仅体现在成绩分数上，更体现在综合素质上。其次，建立丰富的社会奖励机制。为了有效激励高职院校学生的奋斗精神，社会可以设立包括创业基金、荣誉称号、实习机会及就业推荐等多样化的奖励机制，确保奖励的公正性和透明度，以更好地满足不同层次学生的兴趣特长和发展需求。再次，构建广泛的社会支持网络。高职院校学生在奋斗的过程中，需要得到多方面的支持和帮助。社会可以建立一个包括家庭、学校、企业、政府等在内的广泛的社会支持网络，为学生提供必要的心理支持、物质帮助、职业指导等服务，让他们在奋斗过程中感受到社会的关爱和支持。最后，完善终身学习的支持体系。社会应倡导终身学习的理念，让学生明白奋斗是一个持续的过程，即使离开了校园也需要不断学习和进步。通过举办职业招聘会、校企合作项目、职业技能培训等活动，让学生能够及时了解市场需求和职业发展趋势，为学生提供持续增长知识和提升技能的有效途径。

第五节　本章小结

本章在高职院校学生奋斗精神培育形成机制分析研究的基础上，从不同角度全面深入分析了学生奋斗精神培育的实施路径。首先，在个人层面，基于积极心理学理论提出了"培养积极情绪，提升自我效能感""塑造积极人格，激发内生动力""关注发展需求，实现自我价值""明晰目标规划，增强实践能力""感悟榜样力量，促进自我反思""完善支持体系，营造良好氛围"六项具体实施路径。其次，在学校层面，基于人的全面发展理论提出了"深化全面发展理念，提升学生综合素质""完善多元课程体系，拓宽学生发展路径""注重数字技术应用，丰富教育载体平台""发挥教师引导功能，助力学生奋斗成长""实施因材施教策略，激发学生内在潜能""强化实践活动引领，增强学生实践能力""突出心理健康教育，培养学生积极心态"七项具体实施路径。再次，在家庭层面，基于参与理论提出了"提供参与契机，培养协作能力""设定挑战目标，发挥示范作用""倡导自主学习，融合价值教育""家校密切沟通，营造良好氛围""持续引导激励，关注个性发展"五项具体实施路径。最后，在社会层面，基于社会行动理论提出了"创设良好氛围，引领社会风尚""强化教育引导，塑造优秀品质""丰富资源供给，搭建发展平台""树立榜样楷模，激发奋进动力""鼓励创新创造，成就出彩人生""完善激励机制，助力持续发展"六项具体实施路径。通过以上研究，为高职院校学生奋斗精神培育实践提供了具有针对性的对策和建议，为进一步深入研究提供了理论支持和方向指导。

第七章

新时代高职院校学生奋斗精神培育的
评价体系构建

本章立足项目研究定位，聚焦当前该研究领域的不足之处，构建高职院校学生奋斗精神培育的评价体系。通过分析学生奋斗精神培育评价体系构建的目标和原则，明确了学生奋斗精神培育评价体系的关键要素，初步搭建了学生奋斗精神培育的评价指标体系，提出了保障学生奋斗精神培育评价体系运行的工作机制，丰富和拓展了学生奋斗精神培育的研究体系，为高职院校教育实践提供参考和借鉴。

第一节　评价体系构建的目标和原则

一、评价体系构建的目标

学生奋斗精神评价体系构建的目标旨在明确高职院校学生奋斗精神培育的方向和要求，为学生奋斗精神培育评价体系的构建提供科学指引。具体而言，构建目标应包括以下四个方面。

首先，准确界定新时代高职院校学生奋斗精神的内涵与外延。以相关理论研究为基础，对奋斗精神进行准确阐释，明确其在学生成长过程中的具体表现形式和关键要素，帮助学生深入理解奋斗精神的本质及其对个人发展的重要性，促进学生将奋斗精神融入日常学习、生活和未来的职业发展中，从而实现自己的目标和梦想。

其次，引导学生树立契合自身特点和社会需求的奋斗目标。根据学生的个体特点和发展需求，帮助其制定具有挑战性且切实可行的发展目标。积极关注社会发展趋势和行业动态，引导学生充分挖掘自身优势和潜力，坚定奋斗的方向，持续激发内生动力，确保奋斗目标与时代需求相契合，积极主动地追求个人成长与进步。

再次，注重促进学生的德智体美劳全面发展。在教育教学过程中，坚持立德树人的根本任务，大力弘扬新时代奋斗精神，注重学生思想道德素质的提升，加强专业知识的传授、技术技能的培养和综合素养的提高，努力提升学生的社会责任感和使命感，使之成为高素质的技术技能人才，更好地迎接未来的挑战。

最后，建立健全评价指标体系。构建科学合理的评价指标体系，综合运用相关评价方法，全面系统评估学生奋斗精神的培育状况。通过定期的评价反馈，为教育教学改革提供有力依据，及时调整教学策略和方法，不断优化育人环境。同时，评价结果能够让学生及时了解自己的优势和不足，有针对性地进行自我改进和提升。

二、评价体系构建的原则

建立科学合理、全面系统的评价体系，能够更好地促进学生奋斗精神的培育，为教育教学提供有力的支持。具体而言，评价体系的构建应遵循以下五项原则。

首先，注重科学性与合理性。构建科学且合理的评价体系是确保评价结果准确、可靠的基础。这要求我们在选择评价指标时，必须依据科学的理论和方法，选取具有代表性且可操作的指标。通过深入研究和分析，了解影响学生奋斗精神的关键因素，并将其纳入评价体系。同时，还需要对各项指标进行科学论证和实践验证，以确保评价体系的科学性和合理性。

其次，把握全面性与系统性。一套全面且系统的评价体系能够更全面地反映学生的发展状况和培育效果。评价体系需要涵盖学生奋斗精神的各个方面，包括学业成绩、目标设定、努力程度、坚持精神、创新能力等多维度要素。确保多主体参与、多元化实施的评价过程，更加准确和全面地了解学生在不同方面的表现，进而为他们提供更有针对性的指导和支持。

再次，突出导向性与激励性。明确的评价导向可以引导学生朝着正确的方向努力奋斗，激发他们的积极性和主动性。评价体系应设立明确的目标和标准，让学生清楚地知道自己需要在哪些方面努力提升。同时，通过奖励、表彰等合理的激励机制，不断激发学生的内在动力，使他们更加积极地参与奋斗精神培育的实践。

然后，坚持动态性与适应性。经济社会的发展和学生需求的变化要求评价体系具有较强的适应性和前瞻性，及时调整评价指标和方法，以确保评价体系能够紧跟时代的步伐。同时，这样的动态调整可以使评价体系更好地反映学生的实际状况，为教育教学提供更有价值的借鉴和参考。

最后，加强主观性与客观性的结合。在评价过程中，需要充分考虑主观因素和客观数据的影响。学生的自我评价可以提供他们对自身奋斗精神的认知和感受，而客观数据的收集和分析则可以更客观地反映学生的实际表现。因此，通过将主观性和客观性相结合，可以更全面、科学地评价学生的奋斗精神的培育效果。

第二节　评价体系构建的关键要素

一、评价主体的多元性

高职院校学生奋斗精神培育的评价主体应体现多元性，构建覆盖学校、家庭、社会及个人等多主体参与的评价体系。

一方面，评价主体的多元性有助于提供多角度的观点和信息。不同的主体具有不同的观察视角和经验，能够从各自的立场出发，对学生的奋斗精神进行评价。教师可以从教育教学的角度评估学生的学习态度、努力程度和职业素养；学生可以进行自我评价，反思自己的奋斗目标和成长进步；家庭成员能够从家庭环境和日常表现的角度给予评价；社会企业则可以根据对学生的实习表现和职业能力的观察，提供有关奋斗精神在职场中的体现的反馈。

另一方面，评价主体的多元性还可以促进各方的沟通与合作。教师、学生、家庭和社会企业之间的互动交流，有助于加强各方对学生奋斗精神培育的共识和协同努力。家长可以更好地了解学生在学校的表现和需求，教师能获得更多学生的家庭背景和社会经验等信息，从而更有针对性地进行教育和引导。同时，社会企业的参与可以为学生提供实际的职业发展机会和反馈，使学生更加清晰地认识到奋斗精神在职场中的重要性。这种多方合作的评价体系有助于构建良好的教育生态，共同推动学生奋斗精神的培育。

因此，通过汇集不同主体的评价，可以避免单一主体评价存在的偏差和局限性，多个评价主体的意见相互印证和补充，能够更准确地反映学生奋斗精神培育的真实情况，为学生发展提供更全面的指导。

二、评价内容的多维性

高职院校学生奋斗精神培育的评价内容应体现多维性，全面考量学生在各个方面的表现，使评价结果更具全面性、科学性和合理性。

在高职院校学生奋斗精神培育中，评价内容应包括：学生对奋斗精神的认知水平和情感认同、意志品质及行为表现等方面的评价；学生在目标设定、努力程度、坚持不懈及创新能力等方面的评价；高职院校在学生奋斗精神的培育理念、培育目标、培育方法及培育环境等方面的评价；高职院校在组织管理和培育效果方面的评价；等等。

同时，在评价内容的具体设置上，应特别关注和重视对隐性内容的评价。隐性内容的评价与显性内容的评价不同，其更为抽象且难以量化，如学生对奋斗精神的情感认同、意志品质、努力程度等方面的评价，这些隐性内容的评价不如评价学业成绩、奋斗方法和培育环境等显性内容那样直观易于操作。因此，对于高职院校学生奋斗精神培育隐性内容的评价，在设计评价指标时不应过分追求量化效应，而应结合实际情况注重学生的主观感受和反馈。

综上所述，与单一维度的评价相比，多维度评价更能准确反映学生奋斗精神的全貌，不仅注重学生在学业成绩上的表现，还关注他们在实践能力、创新创业、社会公益等方面的参与和成就。通过多维度的评价，可以更全面地了解学生的奋斗精神培育效果，有助于学校发现学生的优势和不足，激励学生在各个领域不断努力实现全面发展，为进一步优化培育实施方案提供有力依据。

三、评价方法的多样性

高职院校学生奋斗精神培育的评价方法应体现多样性，避免用单一评价方法来判断学生奋斗精神培育的效果，以提高评价结果的客观性和可信度。

首先，定性评价和定量评价相结合。定性评价可以通过观察、访谈、案例分析等方式，深入了解学生的奋斗精神表现，包括他们的职业态度、价值观、行为等。定量评价则可以借助问卷调查、考试成绩等数据指标，对学生的奋斗精神进行量化分析。定性和定量相结合可以更全面地反映学生的奋斗精神状况，不仅了解其具体的行为表现，还能把握其内在的品质和价值观。

其次，过程评价和结果评价相结合。过程评价关注学生在奋斗过程中的努力和进步，包括他们的学习态度、努力程度、克服困难的能力等。结果评价则主要关注学生最终取得的成果，如学业成绩、职业技能提升、竞赛获奖等。过程评价和结果评价相结合，不仅能够激励学生在过程中持续努力，也能关注他们最终的实际成果，以便全面评估学生的奋斗精神。

最后，单向评价和综合评价相结合。单向评价侧重于某个特定方面的评价，如学业成绩、专业技能、创新能力等。综合评价则从德智体美劳各个方面全面评估学生的整体奋斗精神。单向评价和综合评价相结合，不仅可以深入了解学生在各个方面的表现，还能综合判断学生的整体奋斗水平。

为了实现评价方法的多样化，高职院校应建立多元化的评价指标体系，涵盖学生的学习、实践、创新、社会责任感等多个方面。同时，应采用多样化的评价工具和方法，如考试、作业、项目实践、小组讨论、报告展示等，以适应不同的评价目的和场景需求。需要注意的是，在实施多样化的评价方式时，应确保评价方法的科学性、公正性和可操作性，并将评价结果及时反馈给学生，帮助学生了解自身的奋斗状况，同时为其提供相应的指导和支持。

第三节　评价指标体系的构建流程

一、评价指标体系的设计原则

高职院校学生奋斗精神培育的评价指标体系设计应遵循一定的原则，既体现一般性评价指标体系建立的原则，又反映高等职业教育的人才培养特点，确保该评价指标体系科学合理。

首先，应遵循科学性与客观性原则。评价指标应具有科学性和客观性，应符合职业教育发展的客观要求，遵循高职院校学生的成长发展规律，能够准确测量和反映高职院校学生奋斗精神培育的各个方面。评价指标的选取应与本项目前述相关研究思路有效衔接，体现层次性、合理性，避免主观臆断和随意增删，确保评价结果的准确性和有效性。

其次，应遵循全面性与系统性原则。评价指标体系应涵盖奋斗精神的多个维度，结合高职院校学生的思想特点、培养目标、专业特色、学习环境等内容，全面系统地反映学生的思想认知、实践行为和奋斗成果等。奋斗精神培育评价要全面系统，各项指标之间应具有内在的逻辑性和关联性，形成一个有机的整体。

再次，应遵循可操作性与可量化性原则。具体评价指标应具有可操作性和可量化性，便于数据的收集和分析。根据课程设置、教学安排、教学实施、教学方式等内容，选取易于通过实际观察、问卷调查或工具测量等方式获取的评价指标进行评价，避免过于抽象和模糊的描述。同时，也要兼顾不可量化指标的选取，确保评价指标体系的完整性和科学性。

然后，应遵循导向性与激励性原则。评价指标应具有明确的导向性，涵盖关于奋斗精神培育方面的关键要求，如职业道德、职业态度、实践水平、职业技能、团队合作及创新能力等，引导学生树立正确的奋斗目标和价值观。同时，通过评价结果的反馈，持续激励学生不断努力，提升自己的奋斗精神。

最后，应遵循动态性与可持续性原则。奋斗精神的培育是一个长期的过程，指标体系的建立也应具有动态性和可持续性。应结合社会发展趋势和市场人才需求，适时调整和完善学生奋斗精神评价指标，以帮助学生更好地适应职业发展和技术进步的要求。

二、评价指标的选取与确定

结合本项目前期相关研究成果，充分考虑项目研究的思路和内容保持前后呼应、有效衔接，并在咨询教育领域相关专家学者的基础上，初步构建了高职院校学生奋斗精神培育的评价指标体系，其中包括2个一级指标、10个二级指标、30个三级指标（观测点），具体评价指标体系结构如表7-1所示。

表7-1　高职院校学生奋斗精神培育评价指标体系结构

一级指标	二级指标	三级指标（观测点）
内部因素 X_1	自我认知 X_{1-1}	个人优点和劣势的认知 X_{1-11}
		自我价值观的明确程度 X_{1-12}
		自我反思的频率和质量 X_{1-13}
	目标设定 X_{1-2}	长期与短期目标的制定 X_{1-21}
		目标与实际行动的匹配度 X_{1-22}
		目标调整与更新的能力 X_{1-23}
	人际关系 X_{1-3}	沟通合作能力 X_{1-31}
		人际冲突解决能力 X_{1-32}
		社交网络的广度和深度 X_{1-33}
	实践锻炼 X_{1-4}	实践活动的参与度 X_{1-41}
		实践技能和创新成果展示程度 X_{1-42}
		实践经验的积累和应用能力 X_{1-43}

续表

一级指标	二级指标	三级指标（观测点）
外部因素 X_{II}	教育质量 X_{II-1}	师资队伍水平 X_{II-11}
		课程设置和教学内容 X_{II-12}
		教学方法与手段创新 X_{II-13}
	激励机制 X_{II-2}	激励制度的合理性 X_{II-21}
		激励措施与学生需求匹配度 X_{II-22}
		激励效果的评估与反馈 X_{II-23}
	榜样力量 X_{II-3}	榜样的学生认同度 X_{II-31}
		榜样与学生的互动频率 X_{II-32}
		榜样的影响作用 X_{II-33}
	校园文化 X_{II-4}	校园活动的丰富程度 X_{II-41}
		校园文化的价值导向 X_{II-42}
		学生在校园文化建设中的参与度 X_{II-43}
	家庭教育 X_{II-5}	家庭沟通与互动频率 X_{II-51}
		家长对学生的期望与鼓励 X_{II-52}
		家庭教育资源提供 X_{II-53}
	社会环境 X_{II-6}	社会对高职教育的认可度 X_{II-61}
		行业发展对学生奋斗的影响 X_{II-62}
		学生对社会资源的利用情况 X_{II-63}

不难看出，在表7–1中，一级指标和二级指标的确定基本延续了本项目关于学生奋斗精神培育影响因素分析的研究结论，在三级指标（观测点）选取中重点围绕二级指标进行细化，保留能够直接反映学生奋斗精神培育效果的关键观测点，具体三级指标（观测点）的测量方法如表7–2所示。

表7–2　高职院校学生奋斗精神培育三级指标测量方法

三级指标（观测点）	测量方法
个人优点和劣势的认知 X_{I-11}	通过自我评估问卷进行量化
自我价值观的明确程度 X_{I-12}	通过开放性问题回答来评估
自我反思的频率和质量 X_{I-13}	通过定期记录的自我反思内容来衡量
长期与短期目标的制定 X_{I-21}	通过目标设定表格或问卷评估
目标与实际行动的匹配度 X_{I-22}	根据学生的计划执行情况和成果来测量
目标调整与更新的能力 X_{I-23}	通过定期回顾和修改目标的记录来评估
沟通合作能力 X_{I-31}	通过小组作业、团队项目的评估来量化
人际冲突解决能力 X_{I-32}	通过观察学生在冲突情境中的表现评估
社交网络的广度和深度 X_{I-33}	根据社交活动参与和社交媒体使用来衡量
实践活动的参与度 X_{I-41}	根据学生参与实践活动的次数和时长来量化
实践技能和创新成果展示程度 X_{I-42}	通过实践成果、获奖情况来衡量
实践经验的积累和应用能力 X_{I-43}	观察学生在实际情境中运用实践经验的效果
师资队伍水平 X_{II-11}	通过教师资质、教学经验和学生评价来量化

续表

三级指标（观测点）	测量方法
课程设置和教学内容 X_{II-12}	依据课程大纲和学生学习成果来评估
教学方法与手段创新 X_{II-13}	通过课堂观察和学生反馈来衡量
激励制度的合理性 X_{II-21}	通过学生对激励措施的满意度调查来量化
激励措施与学生需求匹配度 X_{II-22}	根据学生的参与度和积极性来评估
激励效果的评估与反馈 X_{II-23}	观察学生受到激励后的行为变化和成绩提升
榜样的学生认同度 X_{II-31}	通过问卷调查或小组讨论来评估
榜样与学生的互动频率 X_{II-32}	通过观察和记录来量化
榜样的影响作用 X_{II-33}	依据学生的自我报告和成长变化来衡量
校园活动的丰富程度 X_{II-41}	通过活动的数量、类型和参与人数来量化
校园文化的价值导向 X_{II-42}	通过学校的宣传和学生的理解来评估
学生在校园文化建设中的参与度 X_{II-43}	根据学生的参与记录和反馈来衡量
家庭沟通与互动频率 X_{II-51}	通过家长和学生的报告来量化
家长对学生的期望与鼓励 X_{II-52}	通过问卷调查或访谈来评估
家庭教育资源提供 X_{II-53}	根据家庭对学生学习和发展的支持情况衡量
社会对高职教育的认可度 X_{II-61}	通过社会调查和相关数据来评估
行业发展对学生奋斗的影响 X_{II-62}	通过分析行业趋势和就业数据来量化
学生对社会资源的利用情况 X_{II-63}	根据学生对社会资源的利用和反馈来衡量

第四节 评价体系的运行与保障机制

一、评价体系的运行模式

评价体系的运行模式是学生奋斗精神评价体系中的核心内容，确保评价工作的科学性、公正性和有效性。

首先，明确评价的目标和原则。评价目标应与高职院校的培养目标相一致，旨在促进学生奋斗精神的培养和发展。同时，遵循科学性、客观性、公正性等原则，确保评价结果的准确性和可靠性。另外，确定评价的主体和对象。评价主体可以包括教师、辅导员、班主任、家长及学生自身等，他们应具备相关的专业知识和评价能力。被评价的对象是高职院校的学生，要确保评价涵盖全体学生，以全面了解学生的奋斗精神状况。

其次，制定评价的流程和方法。这包括确定数据收集的途径和方式，如课堂表现、实践活动、问卷调查等。同时，确定指标的计算方法和综合评价的方式，以确保评价的一致性和可比性。为了保证评价的周期性和时效性，需要建立合理的评价周期和时间安排。可以根据学期、学年或特定的教学阶段进行评价，定期进行数据收集和分析，及时反馈评价结果。

再次，建立工作沟通机制。加强组织管理，明确各部门在评价体系中的职责和分工，建立有效的协调机制，确保各项工作顺利开展。学生、教师和管理人员应通过座谈会、个别交流等方式保持良好的沟通，分享评价信息和意见，共同促进学生奋斗精神的培养。

最后，加强监督与评估。对评价体系的运行进行定期检查监督和评估，以便发现问题并及时进行调整和改进，确保评价体系的持续有效性。

二、反馈机制和改进措施

反馈机制和改进措施是学生奋斗精神培育评价体系中的关键环节，对于促进学生的成长和发展具有重要意义。

反馈机制是确保学生及时了解自己在奋斗精神方面的表现和评价结果的关键环节。通过及时、准确的反馈，学生可以认识到自己的优势和不足，从而有针对性地进行改进和提升。首先，建立多样化的反馈渠道。除了传统的教师评价，还可以采用学生自我评价、同学互评等方式，多角度呈现学生的奋斗精神状况。此外，还可以利用现代信息技术，如在线平台、移动应用等，提供实时的反馈信息，方便学生随时了解自己的表现。其次，反馈的内容应具体、明确且具有建设性。不仅要告知学生评价的结果，更要指出优点和不足之处，并给予具体的改进建议。这样的反馈能够帮助学生清楚地认识到自己需要努力的方向，提高改进的效果。最后，及时反馈也至关重要。评价结果应尽快反馈给学生，让他们能够及时调整自己的态度和行为。及时反馈还可以激发学生的积极性，提高他们对奋斗精神培育的重视程度。

改进措施是根据评价反馈结果，制订并实施的具体行动方案，以促进学生奋斗精神的提升。如针对学生个体的差异，制订个性化的改进计划，帮助学生克服自身的不足，发挥优势。提供多样化的培训和学习资源，通过举办专题讲座、开展实践活动、组织学习小组等形式，让学生在实践中不断提升自己的奋斗精神。鼓励学生积极参与社会实践和志愿服务活动，不仅能够让学生真切体验奋斗的价值，还可以增强他们的社会责任感和团队合作能力，通过实际行动培育奋斗精神。健全完善激励机制，对在奋斗精神方面表现优秀的学生进行表彰和奖励，激发学生的积极性和主动性，促使他们更加努力地培养和提升奋斗精神。学校也应不断优化教育教学环境，营造积极向上的校园文化氛围。通过举办各类文化活动、宣传先进典型事迹等方式，引导学生树立正确的奋斗观。此外，定期对改进措施的实施效果进行评估也非常重要，通过评估可以了解措施的有效性，及时调整和改进措施，以更好地满足学生的发展需求。

三、保障机制的建立与维护

保障机制的建立与维护是确保学生奋斗精神培育评价体系顺利运行的重要支撑，维持评价系统运行的有效性和可持续性。

首先，组织保障。组织保障至关重要，学校应设立专门的管理机构或工作小组，负责统筹规划、组织实施和监督评价工作。明确各部门的职责和分工，建立有效的协调机制，确保各项工作的顺利开展。其次，制度保障。制度建设是保障机制的核心，制定完善的评价制度和管理制度，明确评价的标准、流程和方法，保障评价工作的科学性和规范性。同时，建立激励机制，对表现优秀的学生和教师给予适当的奖励，激发他们的积极性和主动性。再次，队伍建设保障。要加强教师能力提升培训，提高教师对学生奋斗精神培育的重视，鼓励教师在教学过程中注重培育学生的奋斗精神，将其融入课程设计和教学过程中。最后，资源条件保障。资源投入是保障机制的物质基础，学校应提供足够的经费支持，用于评价工作的开展、培训活动的组织、奖励措施的实施等。要加强软硬件设施建设，为学生提供良好的学习和实践环境。完善信息化管理平台，实现评价数据的及时采集、分析和反馈。利用大数据等现代信息技术，为高职院校学生思想政治教育增值赋能，对学生奋斗精神进行全方位的监测和分析，为改进工作提供科学依据。

保障机制的建立与维护也需要持续改进和创新。随着时代的发展和学生需求的变化，保障机制应不断调整和完善，定期对保障机制进行审查和更新，发现问题及时整改，确保其始终适应教育教学和市场发展的最新要求。

第五节　本章小结

本章在高职院校学生奋斗精神培育实施路径研究的基础上，初步构建了学生奋斗精神培育的评价体系。首先，从准确界定新时代高职院校学生奋斗精神的内涵与外延、建立健全评价指标体系等四个方面明确了评价体系的建设目标，提出了评价体系的建立应遵循科学性与合理性、全面性与系统性等五项具体原则。其次，从评价主体的多元性、评价内容的多维性、评价方法的多样性三个方面详细分析了评价体系构建的关键要素。再次，基于本项目前述研究结论，初步构建了由2个一级指标、10个二级指标和30个三级指标（观测点）构成的学生奋斗精神培育评价指标体系，明确了评价指标体系的设计原则。最后，从评价体系运行模式、反馈机制和改进措施、保障机制的建立与维护三个方面，详细分析了学生奋斗精神培育评价体系的运行和保障机制。通过上述研究，进一步丰富了高职院校学生奋斗精神培育问题的研究框架体系，拓展了研究的广度和深度，为完善学生奋斗精神培育的评价体系和长效机制，推动学生奋斗精神培育工作的持续改进提供了参考依据。

第八章

总结与展望

新时代高职院校学生奋斗精神培育是高职院校思想政治工作领域的重点研究内容之一，近年来逐渐成为学术界关注的热点问题。本项目立足新时代，以高职院校学生奋斗精神培育为研究核心，综合运用教育学、社会学、心理学、管理学等多学科理论和方法，分别围绕高职院校学生奋斗精神培育的理论渊源、现实状况、影响因素、形成机制、实施路径及评价体系等方面开展系统化的分析和研究。

第一节　研究结论

本项目的研究工作及结论归纳起来主要包括以下几个方面。

一、理论溯源是项目研究的基础支撑

结合国内外研究现状，明确界定了奋斗、奋斗精神、新时代高职院校学生奋斗精神及其培育等研究问题的基本概念；从理论逻辑、文化逻辑、历史逻辑和现实逻辑四个方面梳理了高职院校学生奋斗精神培育的理论渊源；从宏观、中观及微观三个层面剖析了学生奋斗精神培育的重要意义，为支撑项目后续研究奠定了坚实的理论基础。

二、现状分析是项目研究的先决条件

通过问卷调查和数据分析，分别从具备主观意识、认同时代价值和呈现实践行动三个方面，阐述了学生奋斗精神培育的积极成效；从认知不足、动力不足、方向偏差和实践偏差四个层面，分析了学生奋斗精神弱化的具体表现；从理念、目标、路径、方法、环境和效果六个维度，剖析了学生奋斗精神培育存在的问题及原因，为科学把握项目研究背景提供了丰富翔实的现实依据。

三、影响因素辨识是项目研究的关键环节

基于调研数据统计和分析，提出了学生奋斗精神培育影响因素辨识的原则，从目标维度、结构维度和因素维度建立了学生奋斗精神培育影响因素辨识的三维结构和具体方法；从外部和内部两个层面明确了制约学生奋斗精神培育的10个影响因素；建立了基于ISM方法的学生奋斗精神培育影响因素的关系模型，分析了影响因素的递阶层次，为项目后续研究工作持续推进提供了方向指引。

四、形成机制分析是项目研究的重要部分

基于影响因素辨识分析，以内部影响、外部作用和内外联结的相互作用关系为基础，系统构建了学生奋斗精神培育形成机制的理论模型；分别从"知—情—意—行"的角度分析了内部形成机制，从整体运行机制、功能要素发挥和关联层次结构三个方面分析了外

部形成机制，依据"输入—处理—输出"逻辑关系分析了内外耦合形成机制；提出并分析了三大机制"内部—内外耦合—外部—内外耦合—内部"的运行顺序和作用关系，为项目后续研究工作提供了逻辑依据。

五、实施路径分析是项目研究的核心内容

基于风险因素辨识和形成机制分析，以"积极心理驱动奋斗、全面发展促进奋斗、参与互动浸润奋斗、行动引导激发奋斗"为逻辑主线，综合运用积极心理学理论、人的全面发展理论、参与理论及社会行动理论等心理学理论知识，分别从个人、学校、家庭和社会四个层面详细分析了学生奋斗精神培育的实施路径，为高职院校学生奋斗精神培育实践提供了切实可行的对策和建议。

六、评价体系构建是项目研究的拓展和深化

基于实施路径的研究分析，明确了评价体系构建的四个方面的建设目标，指出评价体系建立应遵循五项具体原则；从评价主体、内容和方法三个方面，分析了评价体系构建的关键要素；尝试构建了包括2个一级指标、10个二级指标和30个三级指标（观测点）在内的评价体系；从评价体系运行模式等方面，阐述了评价体系的运行和保障机制，为检验学生奋斗精神培育工作的成效提供了有益借鉴。

第二节　研究创新点

综合本项目研究内容，主要创新点可归纳为以下几个方面。

一、提出了高职院校学生奋斗精神培育问题的基本研究框架

聚焦新时代高职院校学生思想政治工作热点问题，以学生奋斗精神培育为研究核心，较为系统地构建了由学生奋斗精神培育现状分析、影响因素辨识、形成机制、实施路径及评价体系等关键内容构成的研究框架体系，并通过教育学、心理学、社会学等多学科理论和方法的应用，提升问题研究的规范化和科学化水平。

二、建立了基于ISM方法的学生奋斗精神培育影响因素关系模型

从内部因素和外部因素两个方面，系统分析了影响高职院校学生奋斗精神培育的10大类因素，建立了学生奋斗精神培育影响因素的解释结构模型，从诸多影响因素中揭示了影响学生奋斗精神培育的最直接影响因素、关键影响因素、基础性影响因素和深层次影响因素。

三、构建了学生奋斗精神培育形成机制的理论模型

以内部影响、外部作用和内外联结的相互作用关系为基础，构建了学生奋斗精神培育形成机制的理论模型，深入阐述了学生奋斗精神培育的内部形成机制、外部形成机制及内外耦合形成机制，分析了三大机制的运行顺序和作用关系。

四、系统分析了学生奋斗精神培育的实施路径

基于学生奋斗精神培育的主体差异和内在逻辑关系，综合运用积极心理学理论、人的全面发展理论、参与理论及社会行动理论等心理学理论知识，从个人、学校、家庭和社会四个层面系统分析了学生奋斗精神培育的实施路径。

第三节　研究展望

本项目通过综合运用教育学、心理学、社会学等理论和方法，对新时代高职院校学生奋斗精神培育问题进行了初步的探索性研究，以期为高职院校教育研究和实践工作提供有益参考。然而，由于作者对该领域认识的局限性，本项目研究还存在分析不全面、研究不深刻的地方，今后尚需在以下方面进一步深入研究。

一、建立科学完善的研究框架

虽然本项目围绕相关问题开展了一些研究工作，也取得了一些积极成果，但高职院校学生奋斗精神培育问题作为当前较新的研究领域，尚缺乏科学和完善的问题研究框架作为指导，本项目无法满足学生奋斗精神培育问题科学化、系统化和规范化的研究需求，这将成为今后研究工作的重要方向。

二、强化多维动态的研究理念

学生奋斗精神培育是一个长期、开放的动态过程，涉及多个学科领域。因此，要加强个体化研究，结合学生不同的性格、背景和需求，分析奋斗精神培育与学生个体差异的关系；要加强多学科交流，积极探索结合新技术、新媒体的学生奋斗精神多元化的培育方法和路径；要加强校际实践合作，结合不同院校的特色和优势，有针对性地制订培育方案和实施策略。

三、推进卓有成效的研究实践

学生奋斗精神培育研究不能仅停留在理论层面，还需将研究成果付诸实践进行检验。通过实践，可以验证理论的科学性和可行性，发现其中的不足之处，并及时进行调整和完善。同时，实践经验也将为理论研究提供丰富的素材和案例，进一步促进理论的深化和发展，不断提升学生奋斗精神培育的工作水平。

参考文献

[1] 马克思恩格斯选集（第1～4卷）[M].北京：人民出版社，2012.

[2] 列宁选集（第1～4卷）[M].北京：人民出版社，2012.

[3] 毛泽东选集（第1～4卷）[M].北京：人民出版社，1991.

[4] 邓小平文选（第1～3卷）[M].北京：人民出版社，1994.

[5] 江泽民文选（第1～2卷）[M].北京：人民出版社，2006.

[6] 胡锦涛文选（第1～3卷）[M].北京：人民出版社，2016.

[7] 习近平谈治国理政（第1卷）[M].北京：外文出版社，2014.

[8] 习近平谈治国理政（第2卷）[M].北京：外文出版社，2017.

[9] 习近平谈治国理政（第3卷）[M].北京：外文出版社，2020.

[10] 习近平谈治国理政（第4卷）[M].北京：外文出版社，2022.

[11] 习近平.在庆祝中国共产党成立100周年大会上的讲话[M].北京：人民出版社，2021.

[12] 习近平.高举中国特色社会主义伟大旗帜　为全面建设社会主义现代化国家而团结奋斗——在中国共产党第二十次全国代表大会上的报告[M].北京：人民出版社，2022.

[13] 中共中央文献研究室.十八大以来重要文献选编（中）[M].北京：中央文献出版社，2016.

[14] 中共中央宣传部.习近平新时代中国特色社会主义思想学习问答[M].北京：学习出版社、人民出版社，2021.

[15] 中共中央宣传部理论局.新时代面对面[M].北京：学习出版社，2018.

[16] 陈万柏，张耀灿.思想政治教育学原理[M].武汉：华中师范大学出版社，2009.

[17] 骆郁廷.当代大学生思想政治教育[M].北京：中国人民大学出版社，2010.

[18] 陈先达，杨耕.马克思主义哲学原理（第四版）[M].北京：中国人民大学出版社，2016.

[19] 郑永廷.思想政治教育方法论[M].北京：高等教育出版社，2010.

[20] 柳礼泉.中国共产党对艰苦奋斗精神的发展和升华[M].长沙:湖南大学出版社,2008.

[21] 熊建生.思想政治教育内容结构论[M].北京:中国社会科学出版社,2012.

[22] 白显良.思想政治教育的马克思主义理论基础研究[M].北京：人民出版社，2014.

[23] 白凤国.弘扬爱国奋斗精神　建功立业新时代[M].北京：红旗出版社，2018.

[24] 董振华.不懈的奋斗[M].北京：北京联合出版公司，2019.

[25] 汪应洛.系统工程[M].北京：机械工业出版社，2011.

[26] 王乙.新时代大学生奋斗精神培育研究[D].北京交通大学，2021.

[27] 冯玲.新时代大学生奋斗精神培育研究[D].中北大学，2023.

[28] 张霞飞.新时代大学生奋斗精神培育研究[D].闽南师范大学，2023.

[29] 夏燕.新时代高职院校大学生奋斗精神培育研究[D].西南财经大学，2023.

[30] 徐胜男.新时代大学生奋斗精神培育研究[D].山东大学，2023.

[31] 赵星.新时代大学生奋斗精神培育研究[D].辽宁师范大学，2023.

[32] 黄伟.新时代大学生奋斗精神现状调查及培育研究[D].重庆工商大学，2023.

[33] 王晓慧.新时代大学生奋斗精神培育研究[D].兰州交通大学，2023.

[34] 韩露露.新时代大学生奋斗精神培育优化研究[D].东北师范大学，2022.

[35] 张和谐.新时代大学生艰苦奋斗精神培育研究[D].西北农林科技大学，2022.

[36] 董兴颖.新时代大学生奋斗精神培育研究[D].四川师范大学，2022.

[37] 益梦婕.大学生艰苦奋斗精神现状及培育对策研究[D].太原理工大学，2022.

[38] 裴玉霞.新时代大学生奋斗精神培育研究[D].兰州大学，2021.

[39] 宋婷.习近平关于奋斗精神的重要论述研究[D].内蒙古科技大学，2021.

[40] 周天娇.新时代高职院校大学生工匠精神培育研究[D].云南师范大学，2021.

[41] 王云莉.积极心理学视域下大学生思想政治教育研究[D].长安大学，2021.

[42] 马甜语.积极心理学及其应用的理论研究[D].吉林大学，2009.

[43] 赵晓阳.基于学生参与理论的高校学生发展及其影响因素研究
[D].天津大学，2013.

[44] 曹文.帕森斯结构功能主义理论的道德教育价值研究[D].山东师
范大学，2015.

[45] 苗胜杰.新时代青年奋斗精神的价值意蕴及培育路径研究[J].现
代商贸工业，2024，45（04）：91-93.

[46] 侯玉环.论新时代青年学生奋斗精神培育研究[J].思想理论教育
导刊，2019（06）：53-57.

[47] 文大稷，陶鹏飞.新时代大学生艰苦奋斗精神培育探微[J].学校
党建与思想教育，2020（23）：52-54.

[48] 雷承富，张云霞.培养大学生奋斗精神路径探析[J].学校党建与
思想教育，2021（06）：22-26.

[49] 刘旭，张媛媛，张彦荣.高职院校思想政治教育研究[J].天津职
业院校联合学报，2018，20（03）：70-73.

[50] 吕品，迟宝策.新时代高职院校学生奋斗精神的内涵分析[J].辽
宁师专学报（社会科学版），2021（02）：90-92.

[51] 李思岐，于永坤.新时代大学生奋斗精神培育的价值及路径选
择[J].哈尔滨学院学报，2024，45（02）：133-136.

[52] 彭菊花，张婉琼.新时代大学生奋斗精神培育的重大意义与现
实路径[J].学校党建与思想教育，2023（21）：37-40.

[53] 宗梦娜，陈鸿海.培育新时代青年奋斗精神的三维向度[J].领导
科学论坛，2023（09）：8-12.

[54] 刘慧琴，王小琴.新时代大学生奋斗精神的生成逻辑、时代内
涵及培育路径[J].文教资料，2023（14）：95-99.

[55] 詹宏伟，郭学军.中国改革:人民群众主体性的复归——兼论"市场的决定性作用"与人民群众的主体性[J].毛泽东思想研究，2014，31（02）：64-68.

[56] 王佩连.陈独秀"新青年"与"新国家"思想关系探析[J].安庆师范学院学报（社会科学版），2006（06）：41-43.

[57] 胡晓鹤，刘爱莲.论确立群众标准的理论意义[J].社科纵横，2014，29（10）：1-3.

[58] 方红姣，吴冬瑜.中国共产党实事求是精神对传统知行观的创新性发展[J].湘潭大学学报（哲学社会科学版），2024，48（01）：108-115.

[59] 陆颖龙.在新时代培养大学生奋斗精神的价值与路径[J].中国高等教育，2021（23）：62-64.

[60] 刘力波.论"'第二个结合'是又一次的思想解放"的深层逻辑[J].思想战线，2024，50（01）：7-15.

[61] 王庆五，布成良.解放思想：中国特色社会主义的时间和空间视阈[J].理论探讨，2009（02）：1-5.

[62] 刘姣.新时代高职院校大学生奋斗精神培育探析[J].品味·经典，2023（15）：27-30.

[63] 谈传生.习近平奋斗观的思想内涵、理论渊源与价值意蕴[J].湖湘论坛，2018，31（06）：5-12.

[64] 孙景.基于立德树人导向的大学生奋斗精神教育探究[J].高教学刊，2021（01）：173-176.

[65] 汪邹霞.新时代奋斗精神在高职学生工匠精神培育中的价值生成及路径研究[J].现代职业教育，2020（43）：77-79.

[66] 许向红，孔庆童，吕品.新时代高职学生奋斗精神培育的有效途径探析[J].辽宁师专学报（社会科学版），2021（04）：94-98.

[67] 项久雨，聂莹莹.中国共产党奋斗精神的科学内涵、发展脉络及价值意蕴[J].思想教育研究，2021（08）：3-8.

[68] 邓雨巍.新时代大学生奋斗精神培育的三重维度[J].思想政治教育研究，2021（03）：146-149.

[69] 梁冰倩.新时代奋斗精神的生成机理、现实基点和路径选择研究[J].大连干部学刊，2019（07）：5-11.

[70] 施技文.论当代高职学生奋斗精神的传承与培育[J].齐齐哈尔大学学报（哲学社会科学版），2022（07）：138-140.

[71] 何志敏，刘畅.新时代大学生奋斗精神：研究现状、未来议题、政策建议[J].中国高等教育，2020（12）：5-11.

[72] 陈春霞，王墨莼,臧志军.职业教育专业结构与产业结构吻合度研究[J].当代职业教育，2021（04）：35-43.

[73] 刘俊.研发自主创新产品的市场准入政策模型选择与环境分析[J].科学学与科学技术管理，2008（10）：104-107.

[74] 常静，王苗苗.科技成果转化中试环节影响因素分析——基于解释结构模型[J].科技管理研究，2017，37（19）：194-200.

[75] 尹庆双，肖磊，杨锦英.人的全面发展：时代特质、内涵延展与理论意义[J].政治经济学评论，2023，14（06）：104-126.

[76] 刘海滨.高职院校"三全育人"的科学路径探究——以马克思主义人的全面发展理论为视角[J].长春师范大学学报，2023，42（11）：148-152.

[77] 王骏缘.新时代高职院校学生奋斗精神培育研究[J].科教导刊,

2023（25）：90–92.

[78] 习近平.人民对美好生活的向往就是我们的奋斗目标[N].人民日报，2012–11–16（04）.

[79] 习近平.在2018年春节团拜会上的讲话[N].人民日报，2018–02–15（02）.

[80] 习近平.2019年新年贺词[N].人民日报，2019–01–01（02）.

[81] 习近平.在全国教育大会上的讲话[N].人民日报，2018–09–11（01）.

[82] 习近平.在北京大学师生座谈会上的讲话[N].人民日报，2018–05–03（02）.

[83] 习近平.在全国高校思想政治工作会议上的讲话[N].人民日报，2016–12–08（01）.

[84] 习近平.在纪念五四运动100周年大会上的讲话[N].人民日报，2019–05–01（01）.

[85] 习近平.在学校思想政治理论课教师座谈会上的讲话[N].人民日报，2019–03–19（01）.

[86] 刘毅.赓续传承斗争精神[N].人民日报，2021–03–24（05）.

[87] 王均伟.奋斗是青春最亮丽的底色[N].中国青年报，2019–05–13（02）.

[88] 龚青轩.让永久奋斗成为最鲜明的青春底色[N].中国青年报，2019–05–09（01）.

[89] 徐隽，黄福特，王珏.用新的伟大奋斗创造新的伟业[N].人民日报，2022–10–23（03）.

[90] 公茂虹.牢牢把握新时代奋斗精神[N].学习时报，2018–07–20（01）.

附录

新时代高职院校学生奋斗精神培育调查问卷

亲爱的同学：

您好！

为了更加深入了解新时代高职院校学生奋斗精神培育的现状，本课题组特进行此次问卷调查。请您根据自身情况如实回答以下问题，将对我们的研究提供重要的参考。同时，我们将对调查数据严格保密。感谢您的支持与配合！

1. 您的年龄是：（填写具体年龄）

2. 您的性别是：（男 / 女）

3. 您的政治面貌是：（中共党员或中共预备党员 / 共青团员 / 群众）

4. 您所就读的学校名称是：（填写具体名称）

5. 您的专业是：（填写具体专业名称）

6. 您的年级是：（大一年级 / 大二年级 / 大三年级）

7. 您认为奋斗精神在新时代的重要性体现程度如何？（单选）

    A. 非常重要

    B. 比较重要

    C. 一般重要

    D. 不太重要

    E. 完全不重要

8. 您认为新时代高职院校学生有必要培育奋斗精神吗？（单选）

    A. 非常有必要

    B. 比较有必要

    C. 有一定必要

    D. 不太有必要

    E. 完全没必要

9. 您对新时代高职院校学生奋斗精神的理解是什么？（多选）

    A. 目标远大的志向

    B. 坚定不移的理想

    C. 强烈的责任使命

    D. 勇于探索的追求

    E. 敢于创新的胆识

    F. 积极乐观的心态

    G. 百折不挠的精神

    H. 精益求精的技能

    I. 求真务实的态度

    J. 其他_____

10. 您认为奋斗精神与个人成长的关系是怎样的？（单选）

    A. 奋斗精神对个人成长起关键作用，能激发潜力实现目标

    B. 奋斗精神对个人成长有重要作用，但还需其他因素共同作用

    C. 奋斗精神对个人成长起的作用较小，个人成长主要靠自身天赋和机遇

    D. 奋斗精神对个人成长毫无作用

    E. 其他_____

11. 您是否清楚自己的奋斗目标？（单选）

　　A. 非常清楚

　　B. 比较清楚

　　C. 不太清楚

　　D. 不清楚

12. 您是否有明确的个人发展规划并将其作为奋斗的动力？（单选）

　　A. 有明确规划，并一直在努力

　　B. 有大致规划，但不太清晰

　　C. 没有明确规划，走一步看一步

　　D. 不清楚如何规划

13. 您奋斗的主要目的是什么？（多选）

　　A. 实现个人理想和人生价值

　　B. 提升自己的技术技能水平

　　C. 获取更多的物质财富或更高的社会地位

　　D. 获得更好的就业机会

　　E. 为社会做出更大贡献

　　F. 其他 ＿＿＿＿＿＿＿

14. 您在专业学习和技能提升上付出的努力程度如何？（单选）

　　A. 非常努力

　　B. 比较努力

　　C. 一般努力

　　D. 不太努力

　　E. 很不努力

15. 您是否积极参加各种实践锻炼活动（如专业实践、社团活动、志愿服务等）？（单选）

    A. 经常参加

    B. 偶尔参加

    C. 很少参加

    D. 从不参加

16. 您如何面对学习和生活中的挑战与困难？（单选）

    A. 积极应对，努力克服

    B. 暂时搁置，以后解决

    C. 选择佛系，逃避问题

    D. 意志消沉，直接放弃

17. 您是否愿意主动寻求提升自己的机会（如职业培训、技能竞赛等）？（单选）

    A. 非常愿意

    B. 比较愿意

    C. 视情况而定

    D. 不太愿意

    E. 不愿意

18. 在团队合作中，您经常扮演什么样的角色？（单选）

    A. 团队领导者

    B. 组织协调者

    C. 出谋划策者

    D. 任务执行者

    E. 其他_____

19. 您认为自身兴趣和奋斗目标对您的奋斗精神影响程度如何？

    （单选）

    A. 很大

    B. 较大

    C. 一般

    D. 较小

    E. 很小

20. 您认为师生和同学间人际关系对您的奋斗精神有怎样的影响？

    （单选）

    A. 积极影响

    B. 没有影响

    C. 消极影响

21. 您认为学校的教育对您的奋斗精神有怎样的影响？（单选）

    A. 很大影响

    B. 较大影响

    C. 一般影响

    D. 较小影响

    E. 没有影响

22. 您认为家庭氛围对您的奋斗精神有怎样的影响？（单选）

    A. 积极影响，鼓励奋斗

    B. 有一定影响，但不是主要因素

    C. 没有影响

    D. 消极影响，缺乏支持

23. 您认为社会环境对您的奋斗精神有怎样的影响？（单选）

　　A. 有很大的正面激励作用

　　B. 有一定的正面影响，但影响不大

　　C. 有很大的负面消极影响

　　D. 有一定的负面影响，但影响不大

　　E. 没有影响

24. 您是否受到过身边优秀师生榜样力量的鼓舞和影响？（单选）

　　A. 经常受到

　　B. 偶尔受到

　　C. 很少受到

　　D. 没有受到

25. 您如何评价自己的奋斗精神？（单选）

　　A. 很强

　　B. 较强

　　C. 一般

　　D. 较弱

　　E. 很弱

26. 您对身边同学的奋斗精神评价如何？（单选）

　　A. 很强

　　B. 较强

　　C. 一般

　　D. 较弱

　　E. 很弱

27. 您认为高职院校学生缺乏奋斗精神表现在哪些方面？（多选）

　　A. 缺乏拼搏奋斗的观念

　　B. 缺乏正确坚定的信念

　　C. 缺乏长期明确的目标

　　D. 缺乏持之以恒的毅力

　　E. 缺乏创新创业的意识

　　F. 缺乏承受挫折的意志

　　G. 缺乏乐于奉献的精神

　　H. 缺乏一丝不苟的态度

　　I. 其他_____

28. 您认为高职院校学生奋斗精神缺乏的主要原因有哪些？（多选）

　　A. 家庭环境

　　B. 社会风气

　　C. 学校教育

　　D. 个人因素

　　E. 其他_____

29. 您对学校在学生奋斗精神培育方面的满意度如何？（单选）

　　A. 非常满意

　　B. 比较满意

　　C. 一般满意

　　D. 不太满意

　　E. 很不满意

30. 您认为在面对困难时，哪些因素能激励您继续奋斗？（多选）

　　A. 自己的信念和目标

B. 家人和朋友的支持

C. 老师的鼓励和帮助

D. 自己以往的成功经验

E. 团队合作的力量

F. 其他_____

31. 您认为哪些因素会阻碍您的奋斗？（多选）

A. 自身缺乏动力和毅力

B. 自身素质和技能不强

C. 家庭环境不支持

D. 社会竞争压力大

E. 学校教育不足

F. 缺乏有效激励

G. 缺乏奋斗文化的宣传和教育

H. 实践锻炼机会偏少

I. 人际关系紧张

J. 其他_____

32. 您希望学校在奋斗精神培育方面提供哪些具体帮助？（多选）

A. 开设奋斗精神的课程和培训

B. 提供更多的实践锻炼机会

C. 举办励志讲座和活动

D. 举办创新创业类活动

E. 提供个性化的辅导和帮助

F. 讲解市场发展趋势和行业需求

G. 选树身边榜样和典型人物

H. 营造良好的教学条件和设施环境

I. 给予及时有效的反馈和激励

J. 充分运用现代信息技术手段

K. 加强奋斗精神的宣传和引导

L. 其他 _____

33. 您希望参加哪些与奋斗精神相关的培训或活动?（多选）

　　A. 职业技能竞赛

　　B. 创新创业活动

　　C. 团队合作训练

　　D. 专业前沿讲座

　　E. 领导力培训提升

　　F. 社会实践活动

　　G. 志愿服务活动

　　H. 其他 _____

34. 您认为教师在培养学生奋斗精神方面应具备哪些素质?（多选）

　　A. 丰富的专业知识

　　B. 过硬的职业技能

　　C. 激励学生的能力

　　D. 自身具备奋斗精神

　　E. 良好的沟通与引导能力

　　F. 其他 _____

35. 您对学校的课程设置和教学方法有什么建议?（多选）

　　A. 增加实践锻炼环节设置

　　B. 增加创新创业类内容设置

C. 采用现代化的教育教学手段

D. 加强与企业深度合作

E. 其他_____

36. 您希望社会为高职院校学生的奋斗提供哪些支持?(多选)

A. 提供更多实习和就业机会

B. 增强对高职院校学生的认可

C. 提供职业发展指导和资源

D. 加强奋斗精神的宣传和氛围营造

E. 其他_____

37. 您希望通过哪些方式获取关于奋斗精神的信息?(多选)

A. 课堂教学

B. 实践活动

C. 网络媒体

D. 与他人交流

E. 其他_____